BEI GRIN MACHT SICH IHR WISSEN BEZAHLT

- Wir veröffentlichen Ihre Hausarbeit, Bachelor- und Masterarbeit

- Ihr eigenes eBook und Buch - weltweit in allen wichtigen Shops

- Verdienen Sie an jedem Verkauf

Jetzt bei www.GRIN.com hochladen und kostenlos publizieren

Sport als Mittel autoritärer Systeme. Ein Porträt des Leistungssportes in der DDR

Joel Albrecht
Jan Ecker
Jakob Hammerschmidt
Tijan Ballhausen
Maxim Düll
Elias Pfeiffer
Julius Jung
Thien-An Ngo

GRIN

Bibliografische Information der Deutschen Nationalbibliothek:

Die Deutsche Nationalbibliothek verzeichnet diese Publikation in der Deutschen Nationalbibliografie; detaillierte bibliografische Daten sind im Internet über http://dnb.d-nb.de abrufbar.

ISBN: 9783346598189
Dieses Buch ist auch als E-Book erhältlich.

© GRIN Publishing GmbH
Nymphenburger Straße 86
80636 München

Druck und Bindung: Books on Demand GmbH, Norderstedt Germany
Gedruckt auf säurefreiem Papier aus verantwortungsvollen Quellen

Das vorliegende Werk wurde sorgfältig erarbeitet. Dennoch übernehmen Autoren und Verlag für die Richtigkeit von Angaben, Hinweisen, Links und Ratschlägen sowie eventuelle Druckfehler keine Haftung.

Das Buch bei GRIN: https://www.grin.com/document/1176280

Sport als Mittel autoritärer Systeme. Ein Porträt des Leistungssportes in der DDR.

26.02.2021

Vorgelegt von:

Jan Ecker, Jakob Hammerschmidt, Tijan Ballhausen, Maxim Düll,
Elias Pfeiffer, Julius Jung, Thien-An Ngo, Joel Albrecht

Autoren: Jan Ecker, Jakob Hammerschmidt, Tijan Ballhausen, Maxim Düll, Elias Pfeiffer, Julius Jung, Thien-An Ngo, Joel Albrecht

Zum Titelbild: Andreas Krieger, geb. Heidi Krieger, war aktiver Leistungssportler in der Disziplin Leichtathletik. Durch die unwillentliche Verabreichung von hohen Mengen Testosteron ab dem Alter von 16 veränderte sich sein Körper. 1997 ließ er eine geschlechtsangleichende Operation durchführen, bezeichnet sich seitdem als männlich und gab sich seinen neuen Namen.

Gender-Hinweis: Im Sinne der besseren Lesbarkeit verzichten wir auf durchgängig geschlechtsdifferenzierende Formulierungen und präferieren, falls möglich, geschlechtsneutrale Formen. Die entsprechenden Begriffe gelten im Sinne der Gleichberechtigung grundsätzlich für alle Geschlechter. Die verkürzte Sprachform hat nur redaktionelle Gründe und beinhaltet keine Wertung.

Inhalt

1. Einleitung

„Sport ist kein Selbstzweck, sondern Mittel zum Zweck."

Erich Honecker
Generalsekretär der SED

Sportlicher Wettbewerb ist seit jeher mit dem Willen zur Bestleistung, dem Brechen von Rekorden und dem Ausloten menschlicher Grenzen verbunden. In unserem Zeitalter wird diesem Streben durch internationale Wettkämpfe Ausdruck verliehen, in denen sich die weltweit Besten ihrer Disziplin messen. Allen voran sind wohl die Olympischen Spiele zu benennen, da es sich bei ihnen um die größte und medienwirksamste Veranstaltung dieser Art handelt. Wenn nationale Gruppierungen gegeneinander antreten, scheint jedoch jeglicher Wettkampf zwangsweise eine politische Dimension zu erhalten. In der Vergangenheit wurde sich diese Wahrnehmung häufig zunutze gemacht, um bestimmte Ziele voranzutreiben. Wie wird Sport also politisch instrumentalisiert?

Die vorliegende Ausarbeitung thematisiert die Herausbildung und Entwicklung des staatlich angeordneten Dopingsystems der DDR im Kontext der Geheimdienste, der Gesellschaftsstruktur, der Spaltung deutscher Identität, der Rolle der Medien, wissenschaftlicher Forschung und internationaler Institutionen. Unter quellenkritischer Distanz werden dafür zunächst die historischen Hintergründe und Besonderheiten der Nachkriegszeit beleuchtet, welche schließlich zu einer besonderen Form der Leistungsförderung führen. Das praktizierte Doping wird hier in zwei Abschnitte gegliedert: eine dezentrale und zentrale Phase. Den Trennpunkt markiert die Verabschiedung des Staatsplanthemas 14.25 im Jahr 1974. Anhand von Originalmaterialien der Stasi und SED werden die Strukturen und Zusammenhänge der Sportorganisationen untersucht. Dabei zeigt sich eine klare Machtvertikale. Im Gegensatz zur geläufigen Meinung einer monolithisch agierenden Stasi wird das Bild eines Geheimdienstes skizziert, der innere Differenzen aufweist. Es wird aufgezeigt, wie diese schließlich zur Ausweitung des Dopings durch weitegehend unabhängig handelnde Sportfunktionäre führte. Dazu nahm die inländische Presse, staatlich gelenkt, entscheidend Einfluss auf die Wahrnehmung der sportlichen Großereignisse. Die Berichterstattung dieser ist als Spiegel der beabsichtigten Wahrnehmung spezifisch ostdeutscher Phänomene in Politik, Sport und Gesellschaft zu sehen.

Zusätzlich wird die Einflussnahme der Geheimdienste zur Abschirmung von Athleten deutlich; insbesondere die Olympischen Spiele 1972 in München und 1988 in Seoul lassen sich als Beispiele anführen.

Zeitgenössische Dissertationen und Studien erlauben Rückschlüsse auf den wissenschaftlichen Kenntnisstand der Staatsführung bezüglich medizinischer Risiken und vermittelten des Weiteren Details über Produktion und Applikation der verwendeten Substanzen.

Um die persönliche Lebensrealität zu veranschaulichen, werden drei Biografien aufgeführt, die jeweils die gravierenden medizinischen Auswirkungen von Anabolika, das brutale Agieren der Stasi zur Abschirmung der Athleten und den Kenntnisstand über Doping sowie die Folgen, welche dessen Ablehnung mit sich brachte, verdeutlichen.

Erst ausgehend von dieser holistischen Betrachtung des Fallbeispiels ist die Beurteilung der Auswirkungen auf den Sport und die Gesellschaft möglich. So zeigt sich ein starker Einfluss auf die sportlichen Leistungen, welche wiederum von der SED-Führung genutzt wurden, um sich politisch zu profilieren. Die konkrete Motivation entwickelt sich mit dem zeitlichen Verlauf. Darauf wird untersucht, inwiefern diese Geschehnisse noch Einfluss auf die heutige Zeit haben. Abschließend wird resümiert, ein Gegenwartsbezug hergestellt und die Funktion von Sport für unser Zusammenleben diskutiert. Die umfassende Botschaft: Selbstbestimmung und die Überwindung von Grenzen.

2. Die sportpolitische Entwicklung von 1945 bis 1974

„Erst die SED-Diktatur ermöglichte einen derart umfassenden Zugriff auf die sportlichen Talente, um dem Medaillenstreben des Staates die höchste Priorität einräumen zu können."

Dr. Renè Wiese
Sporthistoriker

2.1 Entstehung zentralistischer Sportstrukturen nach sowjetischem Vorbild

Die Anfänge des Sports nach dem 2. Weltkrieg waren in der damaligen sowjetischen Besetzungszone schwierig. Ein Großteil der Sportanlagen war zerstört, viele Sportler und Sportlerinnen überlebten zudem den Krieg nicht oder waren durch diesen psychisch und physisch stark beeinträchtigt.[1]

Drei Grundgefühle bestimmten nach Kriegsende die Einstellung zum Sport: Zunächst dominierte der Wille der Sieger zur Entnazifizierung und Umerziehung der Deutschen, denn der von den Nazis zu Propaganda und Kriegsvorbereitung missbrauchte Sport war den Alliierten suspekt.[2] Mit dem Kontrollratsgesetz Nr. 2 zur „Auflösung und Liquidierung der Naziorganisationen" vom 10. Oktober 1945[3] wurden neben allen Nationalsozialistischen Vereinigungen und Organisationen auch alle Sportvereine aufgelöst, die vor der Kapitulation am 8. Mai 1945 bestanden hatten.

Die zweite große Triebkraft war die generelle Begeisterung der Menschen. Denn Sport zu treiben und vor allem große Sportereignisse zu besuchen, zählte zu den wenigen Lichtblicken im beschwerlichen Nachkriegsalltag.

Einen Neubeginn brachte die Kontrollratsdirektive Nr. 23 vom 17. Dezember 1945: Nun konnten, nach Prüfung durch die alliierten Stellen, nichtmilitärische Sportorganisationen neu gegründet werden, allerdings nur für den Bereich einer Stadt oder eines Kreises.[4] Zudem durften wieder die ersten Sportwettkämpfe auf lokaler Ebene stattfinden. Generell stand die Wiederbelebung des Sports in der sowjetischen Besatzungszone unter einem guten Stern, da dem Sport in der Arbeiterbewegung und im sozialistischen Menschenbild eine wichtige Rolle zugesprochen wurde. Zudem war der sowjetische Kommandeur „sportaffin"[5] und sah im Sport eine gute Möglichkeit, der jungen Generation eine neue Orientierung zu geben. Die Militäradministration und Sportleitung der Besatzungsmacht unterstützen daher die antifaschistischen Sportler und neue Sportstrukturen wurden nach sowjetischem Vorbild eingerichtet.

Auf Initiative des Freien Deutschen Gewerkschaftsbundes (FDBG) und der Freien Deutschen Jugend (FDJ) wurde am 1. Oktober in der SBZ der Deutsche Sportausschuss (DS) als Dachorganisation gegründet und bereitete den Weg zu einer ersten einheitlichen Sportorganisation. Seine Aufgaben waren die Entwicklung des Betriebssports, die Aufnahme des DDR-Sports in internationale Verbände sowie die Ausbildung von Funktionären und Übungsleitern.[6] Als zentralistische Sportstruktur orientierte er sich weitgehend stark am sowjetischen Modell.

Vier Monate nach Gründung der „Bundesrepublik Deutschland" am 23. Mai 1949 trat am 7. Oktober 1949 die „Verfassung der Deutschen Demokratischen Republik" in Kraft und aus der SBZ wurde die DDR.

Auch nach der Gründung der DDR blieben die Strukturen der SBZ aufrecht und wurden weiterhin vom Deutschen Sportausschuss, als höchstes Gremium, geleitet. Zu den ersten Handlungen gehörte die Reorganisation des Sportbetriebes mit der Devise „Umstellung auf Produktionsbasis", also die Gründung von Betriebssportgemeinschaften (BSG) in Produktions- und Verwaltungsbetrieben. Die BSG sollten dabei sportliche Aktivitäten auf breiter Basis fördern und organisieren.

Am 3. April 1950 wurde der Beschluss „Über die Reorganisation des Sports auf Produktionsebene" verfasst und sah die

---

[1] vgl. Stecher, 2017, S. 5
[2] vgl. „Sport in der DDR" von Schloßbergmuseum Chemnitz, (o. D.)
[3] ebd.
[4] Direktive Nr. 23 des Alliierten Kontrollrats in Deutschland zur Beschränkung und Entmilitarisierung des Sportwesens in Deutschland
[5] Stecher, 2017, S. 9
[6] ebd.

Einrichtung von zentralen Sportvereinigungen in Anlehnung an die Struktur des FDGB vor. In dessen Folge entstanden 18 Sportvereinigungen (SV) für alle wirtschaftlichen und verwaltungsmäßigen Bereiche, zum Beispiel der SV Lokomotive für die IG Eisenbahn oder der SV Wissenschaft für das Hochschulwesen. Neben 16 zivilen Sportvereinigungen wurden auch zwei Sportvereinigungen mit „nichtzivilen" Charakter geschaffen, die, um es klarer zu definieren, sportlichen Einheiten der bewaffneten Organe der DDR darstellten und im DDR- Leistungssport eine hervorgehobene Stellung erhielten. Durch eine besondere finanzielle Förderung seitens des Staates waren sie in der Lage, alle olympischen Sportarten zu fördern und erzielten daher überdurchschnittliche Erfolge. Dies war zum ersten die Armeesportvereinigung Vorwärts (ASV Vorwärts), welche für den Sport (Dienst-, Freizeit-, Breiten- und Leistungssport) der Deutschen Volkspolizei zuständig war. In Anlehnung an sowjetische Vorbilder entstand 1953 zudem eine weitere Sportvereinigung, die mit dem Namen Dynamo die „Schutz- und Sicherheitsorgane" repräsentierte. Somit existierten schließlich zwei Sportvereinigungen mit so genanntem "nichtzivilen" Charakter: Dynamo, die hauptsächlich vom Ministerium für Staatssicherheit, zudem vom Ministerium des Innern sowie der Zollverwaltung der DDR gefördert wurde, sowie die ASV Vorwärts, getragen vom Ministerium für Nationale Verteidigung. Analog zu ihren Trägern waren diese Sporteinheiten militärisch organisiert und wurden von dem jeweiligen Minister als oberster Dienstherr geleitet.[7][8]

Das am 8. Februar 1950 von der Volkskammer der DDR beschlossene „Jugendgesetz"[9] bildete die Basis für die späteren sportlichen Erfolge der DDR.[10] Das Gesetz schrieb unter anderem fest, dass eine Hochschule für Körperkultur (DHfK) notwendig sei, um den sportlichen Ambitionen gerecht zu werden, welche dann am 22.10.1950 in Leipzig eingeweiht und durch einen imposanten Neubau ergänzt wurde. Mit der Gründung der DHfK, welche für die Ausbildung von Trainern, Sportwissenschaftlern und Sportlehrern verantwortlich war, wurde auch auf dem Gebiet der Forschung und Lehre die Voraussetzungen geschaffen, die es ermöglichten, die Sportentwicklung planmäßig und wissenschaftlich zu beeinflussen, wobei auch hier der Schwerpunkt auf den Leistungssport gesetzt wurde.[11] So wurde, um gänzlich dem Leistungssport dienen zu können, die DHfK dem Staatlichen Komitee für Körperkultur und Sport und nicht etwa dem damals eigentlich zuständigen Staatssekretariat für Hoch- und Fachschulwesen zugewiesen. Hierdurch entzog man sich der Fachaufsicht, was eine geheime Dopingentwicklung erst ermöglichte.[12] So bezeichnete Beate Berendonk die DHfK als die „Mutter des Anabolikadopings" in der DDR und begründete dies mit der Tatsache, dass der erste positive Bericht über den Einsatz von Anabolika bei Sportlern und Sportlerinnen von einem dort angestellten Trainer kam.[13]

2.2 Vorausplanung durch Förderung des Nachwuchsleistungssportes

Neben dem Ausbildungsbetrieb von Diplomsportlehrern forschte die DHfK intensiv zur Nachwuchsarbeit und entwickelte dabei Methoden, sportliche Talente bereits früh zu erkennen. Außerdem waren Mitarbeiter der Hochschule direkt in der Talentsichtung involviert, welcher eine wichtige Rolle in Anbetracht des überdurchschnittlichen sportlichen Erfolgs im Verhältnis zur Bevölkerungszahl beizumessen ist. Die DDR erkannte frühzeitig, dass die künftige Entwicklung des Hochleistungssports langfristig gesehen vor allem vom Niveau des Nachwuchssports abhängig sein würde. Um nun die Position im internationalen Sport weiter verbessern zu können, war die DDR gezwungen, sich der Sichtung, Auswahl und Förderung der besten Nachwuchstalente zuzuwenden. Als ein relativ kleines Land mit einer Bevölkerung von 17 Millionen Einwohnern und einer Geburtenrate, die in den 60er Jahren zwischen 250.000 bis 300.000 Kindern pro Jahr lag, bedurfte die DDR umso dringender einer effektiven Sichtung und Auswahl sportlich talentierter Kinder und Jugendlicher.[14][15] Anfang der Fünfziger- und Sechzigerjahre war die Talentsichtung noch durch Trainer des DTSB in Kooperation mit den Sportlehrern abgedeckt. Aufgrund zunehmender Förderung des Leistungssports musste jedoch eine systematische Talentsichtung und Auswahl erfolgen. Woraufhin ab 1973 das „Einheitliche Talentsichtungs- und Auswahlsystem" (ESA-System) geschaffen wurde, welches einen Versuch der Totalerhebung aller Schüler unternahm.[16] Mit dem ESA-System wurden die bestehenden Sichtungsformen um eine datenbasierte, großflächige Struktur ergänzt, die, über die Kindergärten und Schulen organisiert, nahezu alle Kinder eines Jahrgangs erfassen konnte. Mithilfe ausgeklügelter von der DHfK entwickelten Programme wurden die Kinder untersucht, klassifiziert und der passenden Förderung und Sportart zugeordnet und anschließend an die 1. Förderstufe einer Kaderpyramide weitergeleitet. Die ESA- Sichtungen wurden in regelmäßigen Abständen vom Kindergartenalter bis zur Mittelstufe durchgeführt.[17] Inhaltlich wurden neben den Körperbaumerkmalen vor allem das Niveau der konditionellen und koordinativen Fähigkeiten ermittelt.[18] Im Sportsystem der DDR waren sie in rund 80.000 Kader, 3 Förderstufen und 3 Kaderkreise verteilt.[19]

[7] vgl. „Aufarbeitung der Geschichte und Bewältigung von Folgen der SED-Diktatur und des Übergangs in einen demokratischen Rechtsstaat im Land Brandenburg" der Enquete-Kommission 5/1, 2014, S. 95
[8] vgl. Stecher, 2017, S. 10
[9] Gesetz über die Teilnahme der Jugend am Aufbau der Deutschen Demokratischen Republik und die Förderung der Jugend in Schule und Beruf, bei Sport und Erholung vom 8. Februar 1950
[10] Stecher, 2017, S. 11
[11] ebd.
[12] vgl. „Die Bedeutung des Sports in der DDR" von MDR, 2020
[13] vgl. Stecher, 2017, S. 32
[14] vgl. Interview von Doping-Opfer-Hilfe e.V mit Berno Bahro, min. 15:00 - 20:00
[15] vgl. Roeder, 2008
[16] vgl. Reichelt, 2011, S. 114
[17] ebd. S. 129
[18] vgl. Krüger & Nielsen & Becker, 2019, S. 254
[19] vgl. Roeder, 2008

Abb. 1: Die verschiedenen Förderstufen im Nachwuchsleistungssport

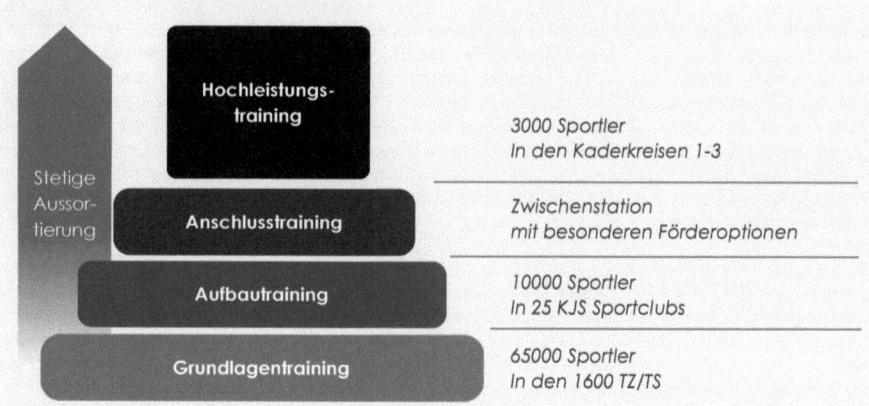

In der Förderstufe 1 wurden die Kinder und Jugendlichen, die das Probetraining bei einer Sportgemeinschaft bestanden hatten, in eines von rund 1700 Trainingszentren (TZ) delegiert. Jährlich betrieben pro Jahrgang rund 25.000 von 250.000 Kindern in solchen Leistungszentren für die jeweilige Sportart Grundlagentraining.[20] Das leistungsorientierte Training fand in diesen Zentren drei- bis fünfmal pro Woche statt und wurde während der sportabhängigen Gesamtausbildungszeit von drei bis fünf Jahren sukzessive gesteigert. Auch während des Trainings in den Leistungszentren fand eine ständige Kontrolle der Leistung und Entwicklung der Sportler anhand akribisch gesammelter Daten statt. Bei unzureichender Leistung konnte ein sofortiger Ausschluss „von heute auf morgen" aus dem Leistungskader folgen, so der Sporthistoriker Dr. Berno Bahro im Interview.[21] Dies erzeugte einen zusätzlichen Leistungsdruck unter den noch jungen Sportlern, obwohl sowieso nur rund 15% aller Sportler aus der 1. Förderstufe nach dem 3. TZ weiter an die nächste Förderstufe, die Kinder- und Jugendsportschulen, delegiert wurden.[22] Die zweite Förderstufe umfasste rund 12.000 Nachwuchsleistungssportler aus Sport- und Fußballclubs sowie Kinder- und Jugendsportschulen (KJS). Die Erfahrungen, die der sowjetische Sport mit seinen KJS gemacht hatte, waren die Grundlage für die Einführung der KJS in der DDR und unterschieden sich von normalen Schulen dahingehend, „daß Schule und Training koordiniert waren und das Training Vorrang hatte", so der Sportfunktionär und Präsident des DTSB, Manfred Ewald.[23] Bis 1989 entstanden 25 solcher Kinder- und Jugendsportschulen und wurden in der Regel von einem Internat zur ganzheitlichen Versorgung und Kontrolle ergänzt. Durch eine Umstrukturierung der Stundenpläne und häufige „Streckung" der Schulzeit, konnte ein umfassender Trainingsplan realisiert werden, der 2-3 Trainingseinheiten pro Tag vorsah und die Sportler nach dem Grundlagentraining der 1. FS an das Hochleistungstraining gewöhnen sollte. Allgemein wurden die Kinder- und Jugendsportschulen erst wenig erforscht und bilden demnach einen „weißen Fleck" in der Sportgeschichte, so der Sporthistoriker René Wiese im Interview. In seiner Dissertation „Kaderschmieden des Sportwunderlandes"[24] kommt der Historiker zum Schluss, dass ein solches Modell in einem demokratischen Staatswesen unmöglich durchzusetzen wäre. Der überragende Erfolg der KJS sei „nur unter den sowohl dirigistischen wie auch repressiven Bedingungen des DDR-Sportsystems möglich" gewesen. „Erst die SED-Diktatur ermöglichte einen derart umfassenden Zugriff auf die sportlichen Talente, um dem Medaillenstreben des Staates die höchste Priorität einräumen zu können. Im Anschlusskaderbereich kam in den 1980er Jahren „wohl jeder KJS-Athlet mit Doping in Berührung", dabei seien Mädchen wesentlich früher und damit länger gedopt worden als die Jungen. Die Bilanz des Minderjährigen Dopings an den KJS sei „erschreckend".[25]

Ähnlich wie die meisten Institutionen in der SED-Diktatur wurden auch die KJS von der Staatssicherheit nahezu lückenlos überwacht, zumal ein Drittel der Führungskräfte MfS-Mitarbeiter waren und zusätzlich auch Inoffizielle Mitarbeiter (IM)[26] unter den Jugendlichen eingesetzt wurden. Allgemein war auch im Jugendbereich der politische Einfluss deutlich zu spüren, so erfolgten bei politischem Fehlverhalten häufig erzieherische Maßnahmen bis hin zum Abbruch der Förderung, auch trotz guter Leistungen. Außerdem war für Schüler an KJS die Mitgliedschaft in der FDJ verpflichtend.[27] In Anbetracht der Aufarbeitung

---

[20] ebd.
[21] Interview von Doping-Opfer-Hilfe e.V mit Berno Bahro, min. 15:02- 16:09
[22] vgl. Roeder, 2008
[23] Ewald, 1994, S. 76
[24] vgl. Wiese, 2012, S. 67
[25] Eggers, nach Wiese, 2012
[26] vgl. Reinhart, 2010, S. 77
[27] vgl. „Der große Knall kommt" in „Der Spiegel", 1991

ist zusätzlich zu erwähnen, dass mit dem Einzug in das Internat eine Schweigeverpflichtung zu unterschreiben war, die auch gegenüber den Eltern galt. Auch in dieser Förderstufe fanden „rigorose Leistungsüberprüfungen" statt, so der Sporthistoriker Dr. Berno Bahro und wer in den zentral von der DHfK festgelegten[28] Trainingskonzepten nicht die vorgegebenen Kennzahlen erfüllte, wurde „ausdelegiert". Diese plötzliche Aussortierung aus dem System Sportler:

> „Es ist durchaus üblich gewesen, dass eine Klasse, die mit 20 Personen angefangen hat, nach drei, vier Jahren unter Umständen nur noch aus 1-2 Personen bestanden hat. Das war durchaus normal."[29]

In die nächste und höchste Förderstufe gelangten wiederum nur die besten Talente der 2. FS und wurden durch Hochleistungstraining auf internationale Wettkämpfe vorbereitet. Die dritte Förderungsstufe wurde nochmals in drei Kaderstufen eingeteilt, in welche die Sportler nach Leistung eingeordnet wurden. Im Kaderkreis 3 befanden sich die „besten jungen Nachwuchsleistungssportler" aus den Förderstufen 1 und 2 und waren zumeist nur Reservesportler oder Trainingspartner. Der zweite Kaderkreis war der „Auswahlkreis der unmittelbaren Anschlusskader im Nachwuchsleistungssport".[30]
Um noch nicht erfasste Talente zu entdecken, wurde eine Vielzahl an Wettkämpfen für Kinder und Jugendliche durchgeführt. Die wohl bedeutendsten waren die nach sowjetischem Vorbild durchgeführten Kreis-, Bezirks- und DDR-Spartakiaden. Die Spartakiaden begannen jeweils auf Schulebene und setzten sich über die Territorien bis zum gesamten Land fort, wobei jede Ebene ihre eigene Bedeutung besaß. Außerdem verband es den Breiten- mit dem Leistungssport, welcher durch eine umfassende finanzielle Förderung eine starke Trennung erfahren hat. Die Kinder- und Jugendspartakiaden waren dabei der sportliche Höhepunkt in der jeweiligen Region.
Mithilfe dieser sich ständig erneuernden Kaderpyramide verfügte die DDR über die erforderlichen personellen Voraussetzungen, um die im internationalen Leistungssport errungene Position zu behaupten und zu festigen. Somit war kontinuierlich eine Bandbreite von Spitzen-Nachwuchssportlern in den für ihr Körperprofil passenden Sportarten verfügbar. Diese systematische Selektion und immense Förderung von Nachwuchssportlern waren somit ein nahezu perfektes System, um sportliche Höchstleistungen zu fördern; ein Aspekt, der bei der nachträglichen Bewertung häufig außer Acht gelassen wird. Ebenso ist die an den Tag gelegte Mentalität bezüglich des Sportes in einem Maße der Widmung geschehen, dass in anderen Staaten unvorstellbar wäre. Aufgrund der vorherrschenden Geisteshaltung an den Sportschulen hätten viele Sportler auch nicht die angewandten Methoden hinterfragt, denn die Trainer und Sportmediziner waren immer Autoritätspersonen, teilweise auch Vertrauenspersonen und diese wüssten schon, was sie täten.

> „Die ersten Erinnerung, dass wir beim Frühstück neben unserem Teller noch einen Teller stehen hatten und da bunte Tabletten drauf waren. 4 oder 5 Stück. Die Trainer haben gesagt, dass sind Vitamine und für uns waren sie Vertrauenspersonen und wir haben das dann geglaubt und haben es [die Tabletten] genommen." [31]

Die Trainingsmethoden der DDR haben, wie im Nachhinein auch ersichtlich ist, maßgeblich zu den Erfolgen beigetragen. Abschließend ist zu vermerken, dass die Belastung auf die Nachwuchssportler in den Förderungsinstitutionen enorm war und häufig aus der physischen, auch psychischen Belastung resultierte. Dennoch betrachten viele der damaligen Betroffenen die Gesamtheit des Systems nicht als ausschließlich negativ.[32]

2.3 Einflussnahme sozialistischer Sportfunktionäre auf die gesamtdeutsche Mannschaft

Am 22. April 1951 wurde das Nationale Olympische Komitee (NOK) für Ostdeutschland gegründet[33], aber nicht vom Internationalen Olympisches Komitee (IOC) anerkannt, da schon im September 1949 in Bonn das Nationale Olympische Komitee für Deutschland der BRD gegründet wurde. Sportler aus der DDR sollten gemäß den Statuten des IOC und des von der Adenauer-Regierung geforderten westdeutschen Alleinvertretungsanspruchs nur in einer deutschen Mannschaft unter Führung des NOKs für Deutschland teilnehmen dürfen. Durch die guten Beziehungen der BRD zur IOC konnten die Konditionen für eine Deutsch-Deutsche Mannschaft so ausgehandelt werden, dass die Sportler aus der DDR dem bundesdeutschen Komitee und damit der BRD unterstellt worden wären. Dieses Ergebnis konnte die DDR keinesfalls so stehen lassen, hätte es doch einen enormen Gesichtsverlust für das Anerkennungsbestreben der DDR bedeutet. 1952 traten somit bei den Olympischen Spielen keine gesamtdeutschen Mannschaften an. Der BRD kam es sehr zupass, dass die DDR ihre Beteiligung an gesamtdeutschen Mannschaften zurückzog, denn somit repräsentierten bundesdeutsche Sportler „Deutschland". Generell waren jegliche diplomatische Verhandlungen der BRD mit der DDR ein Schlag ins Gesicht, denn es wurde befürchtet, dass die DDR auf diesem Weg hoffähig gemacht werden würde. Zudem war die offene Politisierung des deutschdeutschen Sportverkehrs durch die DDR nicht geeignet,

---

[28] „In der DDR gab es eine zentrale Trainingskonzeption, die von der Deutschen Hochschule für Körperkultur aus Leipzig bestimmt worden ist, was natürlich total idiotisch ist, da ein Mensch keine Maschine ist und man auf seine individuellen Bedürfnisse eingehen muss." Eigenes Interview mit Antje Harvey am 17.02.2021
[29] Interview von Doping-Opfer-Hilfe e.V mit Berno Bahro, min. 15:02 - 16:09
[30] vgl. Tilgner, 2017, S. 14
[31] Interview von NDR mit Manuela Reng, 2017, min. 19:30-20:01
[32] „Aus Erinnerung und ich habe es auch mal aufgeschrieben: Hartes Training, also kein Luftholen, Schmerzen, einfach sinnlose Schmerzen, ein einziger Schmerz", Susann Scheller in „Kindheit unter Qualen - Missbrauch im DDR Leistungssport" von NDR, 2017, min. 13:56-15:34
[33] Gründungsurkunde NOK, 1951

das Misstrauen der westdeutschen Sportfunktionäre zu zerstreuen, die gemäß ihrer Philosophie von einem „unpolitischen" Sport ausgingen. Das heißt, dass die DDR ganz konkret versuchte, mittels des olympischen Sports ihre politischen Ziele durchzusetzen.[34] Vier Jahre später war es aber so weit und 1956 gingen in Melbourne die ersten gesamtdeutschen Olympiamannschaften an den Start, da die Ausgangssituation eine gänzlich andere war als noch vier Jahre zuvor. So gilt das Jahr 1955 in der politikgeschichtlichen Forschung als Zäsur, denn hier manifestierte sich die Teilung der bipolaren Welt und damit auch die deutsche Teilung in Ost und West ganz deutlich und klärte die Fronten. Dies führte zwar zur kurzfristigen Entspannung zwischen Ost und West auf politischer Ebene, hatte aber zur Folge, dass in anderen Bereichen wie z. B. im internationalen Leistungssport die Positionen neu bestimmt werden mussten. So kam es, dass der Leistungssport auf der öffentlichen Bühne der Olympischen Spiele zu einer Art „Nebenkriegsschauplatz" wurde, auf dem die vermeintliche Leistungsfähigkeit der Systeme unter Beweis gestellt werden konnte. Obwohl im Juni 1955 das NOK der DDR erstmals „provisorisch" anerkannt wurde, war die Position der Ostdeutschen noch nicht so gefestigt, als dass sie auf eine eigene Mannschaft hätten bestehen können. Denn dann hätten sie riskiert, dass unter Umständen gar keine Sportler aus der DDR, wie 1952, an den Spielen teilgenommen hätten und das Feld gänzlich der westlichen Konkurrenz überblieb. Daher verfolgte die SED vielmehr eine „Politik der kleinen Nadelstiche", um immer wieder auf die Existenz der DDR als eigenständigen Staat aufmerksam zu machen und die Anerkennung als Staat damit voranzutreiben.[35]

Nachdem gesamtdeutsche Mannschaften auch für künftige Olympische Spiele unausweichlich schienen, versuchte die SED-Führung mittels staatlicher Symbole (Embleme, Hymne, Staatsfahne), die Eigenständigkeit der DDR bei internationalen Sportwettkämpfen und natürlich auch bei Olympischen Spielen zu zeigen. Die westdeutsche Sportführung (NOK) sah sich dadurch in der Folgezeit immer öfter zu einer intensiven Absprache mit den Regierenden in Bonn gezwungen. Für die Politiker ging es um die Außendarstellung der Bundesrepublik Deutschland; es ging um nichts Geringeres als um die „nationale Würde". Zudem erforderten erneute Spannungen in den Ost-West-Beziehungen von der BRD-Regierung, die Loyalität zum westlichen Bündnis unter Beweis zu stellen. Während die BRD mit sämtlichen Mitteln versuchte, von der Unterstützung eines deutsch-deutschen Sportvereins mit 7,5 Millionen Mark zum sportlichen Austausch zwischen West und Ost bis hin zur krampfhaften Verweigerung einer „Kompromissflagge" für die Olympischen Spiele, das Bild von einem einheitlichem Deutschland zu zeichnen und so die Legitimation des Staates zu untergraben, versuchte die DDR, sich möglichst stark von seinem Nachbarn abzugrenzen und so den Alleinvertretungsanspruches der BRD zu unterbinden. Demnach war das Ziel der DDR nicht nur durch die sportlichen Erfolge eine Art „Nationalbewusstsein" zu etablieren, sondern auch die völkerrechtliche Anerkennung schrittweise voranzutreiben. Es galt die Parole vom „Ein- und Überholen der BRD". Sportler aus der DDR sollten die Mehrzahl der Meistertitel erringen, um so die Überlegenheit des sozialistischen Gesellschaftssystems gegenüber der Bundesrepublik vor aller Öffentlichkeit zu demonstrieren.

Nach den Olympischen Spielen 1960 und noch vor dem Bau der Mauer im August 1961 wurde der Streit um Flagge und Emblem der DDR noch erbitterter fortgesetzt, je länger die DDR jedoch als Staat existierte, desto schwieriger wurde es für die BRD, den Alleinvertretungsanspruch aufrecht zu erhalten. Zusätzlich gelangte die IOC zunehmend unter Zugzwang, da zu diesem Zeitpunkt die Sektionen der DDR bereits als Mitglied in den meisten internationalen Fachverbänden aufgenommen worden waren und zudem auf rein sportlicher Ebene ein erhebliches Interesse daran bestand, dass Sportler aus der DDR an Olympischen Spielen teilnahmen, denn diese hatten nunmehr ein hohes sportliches Niveau erreicht. Allgemein profitierte das ostdeutsche Sportsystem immens vom Ost-West-Konflikt; sollte doch im Sport die Überlegenheit des Sozialismus demonstriert werden. Eine Überlegenheit gegenüber der Bundesrepublik, die auf anderen Gebieten – schon gar nicht auf dem wirtschaftlichen – nie erreicht werden sollte. Nur im Leistungssport gehörte die DDR tatsächlich zur Weltspitze. Die meisten westdeutschen Regierenden betrachteten die gesamtdeutschen Mannschaften noch immer als kleineres Übel, um den Sportlern aus der DDR nicht allein das olympische Feld zu überlassen. Zudem wäre ein westdeutscher Olympia-Boykott eine höchst unpopuläre Maßnahme gewesen, die in der eigenen Bevölkerung gewiss nicht klaglos gebilligt worden wäre und so kam es 1964 erneut zu einer gesamtdeutschen Mannschaft.[36]

Mitte der 1960er Jahre deutete sich eine vorsichtige Wende im Verhältnis des IOC zu den gesamtdeutschen Mannschaften an, denn allmählich wandelte sich die Stimmung im internationalen Sport eindeutig zu Gunsten der Ostdeutschen. Nachdem bereits 1964 der Weltverband der Leichtathletik beschlossen hatte, dass die DDR mit einer eigenständigen Mannschaft bei den Weltmeisterschaften antreten dürfte und 1965 ein Sportembargo der NATO gegenüber DDR-Sportlern aufgehoben wurde, wurde schließlich das Nationale Olympische Komitee der DDR 1965 anerkannt und die Olympischen Spiele 1968 kennzeichneten das Ende der gesamtdeutschen Olympiamannschaften. Zudem schlief auf der unteren Leistungsebene der gesamte deutsch-deutsche Sportkontakt ein, da erstens ein Imageverlust durch schlechte sportliche Leistungen auf den untersten Leistungsebenen und zweitens große Sicherheitsbedenken bestanden, da die Gefahr von Sportlerflucht von der DDR in die BRD immer präsenter wurde. 1972 hatte die DDR ihr Ziel erreicht, ihr NOK war vollgültig anerkannt, sie durfte ihr eigenes Team zu den Spielen entsenden – samt eigenem Protokoll. Allerdings fanden ausgerechnet diese ersten Spiele in der Bundesrepublik Deutschland statt, nämlich in München. Von nun an fand ein ständiges Kräftemessen zwischen der BRD und der DDR statt, der den

---

[34] vgl. Birck, 2013, S. 250
[35] ebd. S. 256
[36] ebd. S. 260

internationalen Leistungssport für die nächsten Jahre prägen sollte.

Abb. 2: Das letzte gemeinsame Auflaufen der deutschen Mannschaft 1968

2.4 Entwicklung einer vertikalen Hierarchie in den sportpolitischen Organen

Schon Anfang der 1950er wurde Kritik am Sportausschuss (DS) laut, der angeblich nicht genügend ideologische Arbeit leistete, woraufhin das Politbüro der SED im April 1952 die Konsequenz zog, ein staatliches Komitee für Körperkultur und Sport (Stako) zu schaffen, das schließlich am 24. Juli 1952 ins Leben gerufen wurde. Es wurde damit zur obersten staatlichen Instanz auf dem Gebiet der Körperkultur und des Sports erhoben und entmachtete so den DS und zentralisierte den DDR Sport weiter nach sowjetischem Vorbild[37]. Mit der Einführung der neuen Sportstrukturen kam es auch zur Umverteilung der Aufgabenbereiche und so wurde der DS mit der Pflege der Sportbeziehungen zur BRD beauftragt, welche von der Regierung keine besondere Wichtigkeit zugesprochen wurde. Das Stako existierte neben dem DS und dem 1957 gegründeten Deutschen Turn- und Sportbund (DTSB) als zentrales Organ in der Art eines Sportministeriums und wurde mit der Lenkung und Kontrolle des Spiel- und Sportbetriebs, der Sportforschung und des Ausbildungsbetriebes durch das DHfK und dem Bau von Sportinfrastruktur vertraut[38]. Um dem gerecht zu werden, installierten die Verantwortlichen neue Beratungsorgane, wie den wissenschaftlichen Rat oder die Fachkommission für Sportbauten. Andere Beratungsorgane übernahm man vom Deutschen Sportausschuss, wie das Forschungsinstitut für Körperkultur und Sport (FKS) in Leipzig in der Nähe des DHfK. Dieses Institut beschäftigte rund 650 Mitarbeiter, welche eng mit den Sportclubs, Trainern und Athleten zusammenzuarbeiten. Zu den Hauptaufgaben des FKS gehörte die Forschung – ausgerichtet speziell für den Hochleistungssport.[39] Sie entwickelten neben sportartspezifischen Trainingsmethoden und Technologien (Bsp.: Luftdruckkammern zur Simulation von Höhenlagen[40]) unter strengster Geheimhaltung im Auftrag der SED, Mitte der 1970er Jahre, auch Doping-Substanzen und -Methoden und dem Institut so eine besondere Bedeutung im Rahmen des staatlichen Dopings beimisst.[41]

Nach 18-jähriger Tätigkeit wurde das Staatliche Komitee für Körperkultur und Sport (Stako) 1970 wieder aufgelöst und in das Staatssekretariat für Körperkultur und Sport (SKS) umgewandelt. Dies geschah wahrscheinlich aufgrund der Forderung der SED nach einer stärkeren Konzentration der Staatsmacht und führte schließlich zu einer weiteren Hierarchisierung der Organisation und des Sports generell unter der Führung des DTSB-Präsidenten Manfred Ewald.

Unter der Führung von Manfred Ewald tagte im Herbst 1956 eine Kommission der Sportfunktionäre aus verschiedensten Ebenen. Die Kommission deckte zahlreiche Missstände im strukturellen Bereich auf, die beseitigt werden mussten, zu diesen zählten unter anderem die kaum vorhandene Selbstständigkeit von unteren Leistungsebenen, die Überschneidungen bei der Entwicklung von Sportarten durch die zahlreichen Sportorganisationen und -vereinigungen und ein aufgeblähter zentraler Verwaltungsapparat. Um diesen Mängeln Einheit zu gebieten, wurde sich auf die Gründung einer einheitlichen Massenorganisation geeinigt. So sah der Beschluss vor, dass an die Stelle der bisherigen Vielzahl von Sportvereinigungen der Deutsche Turn- und Sportbund (DTSB) als die große demokratische Massenorganisation der Sportler tritt. Mit dieser Umstrukturierung gingen drastische Änderungen im gesamten Sportbetrieb einher, welche allgemein als Wendepunkt in der DDR-Sportgeschichte

---

[37] vgl. Weise, 2006, S. 28.
[38] vgl. Stecher, 2017, **S.**7
[39] vgl. Barnett, 1994, S. 79-83
[40] vgl. „Das bestgehütete Geheimnis im DDR-Sport" von MDR, 2021
[41] vgl. Roeder, 2008

betrachtet werden können. So wurden alle Sportvereinigungen und die Untergeordneten BSGs, bis auf ASV Vorwärts und SV Dynamo, aufgelöst und dem DTSB angegliedert. Der DTSB gliederte sich in 15 Regionalorganisationen, welche wiederum in Stadt-, Stadtbezirks-, bis hin zu den 214 Kreisorganisationen aufgegliedert waren. Für die einzelnen Sportarten, welche zuvor im Deutschen Sportausschuss organisiert waren, entstanden bis 1958 35 Sportverbände wie beispielsweise der Deutsche Fußball-Verband. Damit war der DTSB bis auf die letzte kommunale Ebene durchstrukturiert und hatte nahezu den gesamten DDR-Sportapparat unter sich. Die Sportgemeinschaften, welche wiederum in Sportarten und Sportgruppen aufgeteilt waren, bildeten die Basis des Massensports.[42] Allgemein lässt sich sagen, dass der DTSB hauptsächlich am Leistungssport ausgerichtet war. Dies zeigt sich an der Stellung Manfred Ewalds. Dieser war nicht nur der oberste Funktionär des DTSB, sondern ebenfalls Vorsitzender der Leistungssportkommission (LSK), welche dem DTSB untergeordnet war und zur Durchsetzung dessen Interessen gedient hatte. Hauptaufgabe der Kommission war durch eine enge Zusammenarbeit mit Trainer, Sportwissenschaftlern und Sportärzten, den sportlichen Erfolg auf internationale Ebene (Olympischen Spiele) zu sichern. Außerdem ist zu erwähnen, dass Ewald Mitglied des Zentralkomitees der SED, der höchsten Instanz der Parteistruktur, und somit weisungsbefugt gegenüber den Ministern war. Den Einfluss der SED auf den Leistungssport fasste Ewald so zusammen:

„Das Sekretariat des Bundesvorstandes trifft auf der Grundlage der Beschlüsse der Parteiführung der SED alle grundsätzlichen Entscheidungen zum Leistungssport der DDR.[43]"

2.5 Sportmedizinischer Wandel – Duldung von dezentralem Doping

Allgemein lassen sich die Anfänge des Dopings in der DDR in zwei Phasen unterteilen: Während des ersten, als präanabole Phase bezeichneten Zeitabschnitts wurde vor allem von Aufputschmitteln wie Amphetaminen Gebrauch gemacht, die neben einer Leistungssteigerung auch zu einer erhöhten Aggressivität und Kampfeswillen führten. Diese Amphetamine hatten den Vorteil der guten Zugänglichkeit und schnellen Wirksamkeit, wiesen jedoch großes Suchtpotenzial auf und verursachten starke gesundheitliche Schäden, die Anfang der 60er Jahre bemerkt wurden und zum Ende dieser Phase führten. Ab 1964 ist von einer vorerst dezentralen „anabolen Phase" die Rede, in der das Hormondoping immer mehr praktiziert wurde und nach und nach Testosteron in reiner Form und dessen Derivate den Dopingalltag in der DDR prägten. Diese Menschenversuche fanden zuerst für Sportler in den Dynamo-Clubs, danach im ganzen Land statt. Um Wettbewerbsvorteile zu erlangen, führte Dynamo, nach langer Forschung des Sportarztes Heinz Wuschech, im Auftrag des Vorstandsmitglieds des DTSB und Präsident des SC Dynamos, Erich Mielke[44], als erste Sportvereinigung eigenmächtig das Anabolikadoping und eine lückenlose Versorgung der eigenen Athleten mit anabolen Steroiden ein. Die Verbindung des Stasi zu den anfänglichen Dopingpraktiken ist auch hier zu beobachten, denn Erich Mielke war als Dynamo-Präsident auch Minister für Staatssicherheit. Es ist davon auszugehen, dass sich der Gebrauch anabol-androgener Substanzen spätestens bis 1968 im ganzen Hochleistungsbereich des Deutschen Turn- und Sportbundes (DTSB) durchgesetzt hatte.[45]

„Dieser klassische Sportmediziner, den man so kennt, entwickelte nach dem 2. WK eine neue Rollenvorstellung: Er war weniger derjenige, der einem nach Sportverletzungen wieder therapiert und zurück in den Leistungssport bringt, sondern war dann auch jemand der Präventiv schaut: Was kann ich tun, um Verletzungen im Sport zu vermeiden und kam dann zunehmend in die Rolle eines Leistungsoptimierers, der dann auch auf Unterstützende Mittel/Doping setzte."[46]

Bis 1974 geriet diese Praxis zunehmend außer Kontrolle und als es schließlich Ende 1973 möglich war, alle auf dem Markt befindlichen oralen Anabolika zuverlässig mittels Radioimmunassay nachzuweisen, setzte das IOC die anabolen Steroide auf die Dopingliste. Die SED Spitze geriet damit zunehmend unter Druck, sprach sich die DDR doch schon seit Jahren medienwirksam gegen das Doping im Leistungssport aus. Aus Angst, die hart erarbeitete Anerkennung durch die sportlichen Erfolge auf internationaler Ebene durch einen öffentlichen Dopingskandal zu verlieren, begann die staatliche Kontrolle der Dopingpraktiken im Jahre 1974.[47]

---

[42] vgl. Reichelt, 2006, S. 47–48
[43] Teichler, 1999, S. 96
[44] vgl. Purschke, 2011
[45] vgl. Schültke, 2015
[46] Interview von Doping-Opfer-Hilfe e.V mit Berno Bahro, min. 17:02- 18:09
[47] ebd.

3. 1974 - 1989: Die Funktionsweise des zentralisierten Dopingsystems

„Über das Land hatten sich längst Drogenringe gebildet, finanziert von der Staatssicherheit, von besonders agilen SED-Bezirksleitungen, von notorisch sieghungrigen Sportclubs, von prämienabhängigen Trainern [...]."

Ines Geipel
Dopingopfer und ehemalige Vorsitzende der Doping-Opfer-Hilfe

3.1 Staatliches Zwangsdoping: Organisation, Verantwortlichkeiten und Personen

Grundstein für die Realisierung des systematischen Dopings war ein dem Sportkomplex „Komplex 08" zugehöriger Plan unter dem Decknamen „Staatsplanthema 14.25" [48], in dem die Planung, Organisation und Durchführung des vom Zentralkomitee der SED [49] verordneten Dopingsystems festgehalten wurde.[50] Wie bereits beschrieben, traten mit den während der präanabolen Phase verwendeten Amphetamine Probleme wie Sucht und schwerer gesundheitliche Schäden auf. Das dezentrale anabole Doping fand ab 1964 vielerorts, aber noch nicht zentralisiert und koordiniert statt. Vor allem die Dynamo-Klubs unter ihrem Chef Erich Mielke, gleichzeitig Minister für Staatssicherheit, dopten intensiv und eigenständig, um den anderen Klubs im Land überlegen zu sein. Die Verknüpfung zwischen der Staatssicherheit und dem Leistungssport wird im Folgenden genauer beleuchtet werden. Nachdem sich ab 1968 das Doping im gesamten DTSB-Bereich entwickelt hatte, gerieten die Doping-Geschehnisse, einhergehend mit Anabolika-nachweisenden Dopingtests, nach und nach außer Kontrolle. Positive Doping-Tests hätten, so die Befürchtung der DDR-Führung, eine Gefahr, für die gerade erst erworbene internationale Reputation des erst seit 1971/72 international anerkannten Staates bedeutet.[51] Deswegen verabschiedete das ZK das Staatsplanthema 14.25 zur Systematisierung des landesweiten Dopings. Zentrale Absichten dieses Plans war die Entwicklung neuer, besserer Dopingmittel sowie die bestmögliche Umgehung von Dopingkontrollen und vor allem die Vermeidung positiver Tests[52]. Zum Einsatz kamen unter anderem Anabolika wie Oral-Turinabol[53], die mithilfe „zentraler Vergabekonzeptionen"[54] verteilt wurden.

Durch die Klassifizierung dieser Angelegenheit als Staatsplan erhielt das Vorhaben eine hervorgehobene Bedeutung, da es dadurch Teil des Gesamtvolkswirtschaftsplans der DDR wurde. Außerdem erlaubte es die gegenseitige Nutzung und Inanspruchnahme von Ressourcen zwischen den Ministerien.[55] Die Leistungssportkommission (LSK) der DDR beschloss in diesem Plan vom 19. Juni 1974 auf Geheiß des DTSB-Präsidenten Manfred Ewald hin die Gründung der Arbeitsgruppe unterstützende Mittel (AG UM) sowie der Forschungsgruppe zusätzliche Leistung (FG ZL)[56]. Leiter der AG UM ab 1975 war der leitende Sportarzt der DDR [57] und stellvertretende Direktor des Sportmedizinischen Dienstes[58] Manfred Höppner.

---

[48] vgl. BStU, MfS, BV Gera, X 231/83, TeilII, Bd. 1, Bl. 105-106
[49] vgl. „Andreas Krieger" von Blackspark, (o. D.)
[50] vgl. Hasselmann, 2016
[51] ebd.
[52] vgl. Stecher, 2017
[53] vgl. Hasselmann, 2016
[54] vgl. Hasselmann, 2016
[55] vgl. Stecher, 2017
[56] vgl. Stecher, 2017
[57] vgl. Scheer, 2001
[58] vgl. Seppelt, o. D.

Die oberste Verantwortung trug und initiierte das Zentralkomitee der SED.[59]Schnittstelle zwischen ebenjenem und den am Doping beteiligten Sportorganisationen war die allen Sportorganisationen übergeordnete LSK unter Leitung von Manfred E-wald von 1961 bis 1988.[60] In der LSK waren verschiedene Ministerien wie das für Gesundheit oder das Staatssekretariat für Körperkultur und Sport beteiligt.[61] Eine weitere wichtige Persönlichkeit stellte Prof. Dr. Edelfrid Buggel dar, der ab 1966 DTSB-Vizepräsident war und ab 1975 die Funktion des stellvertretenden Staatssekretärs für Körperkultur und Sport innehatte.[62]

Abb. 3: Die wichtigsten Akteure des Dopingapparates in seiner Höchstphase

Das am 17. Juni 1970 gegründete Staatssekretariat für Körperkultur und Sport war den SMD, dem FKS und der DHfK überge-ordnet. Es wirkte ab 1970 neben dem DS und dem 1957 gegründeten Deutschen Turn- und Sportbund (DTSB) als zentrales Organ in der Art eines Sportministeriums und wurde mit der Lenkung und Kontrolle des Spiel- und Sportbetriebs, der Sport-forschung und des Ausbildungsbetriebes durch das DHfK und dem Bau von Sportinfrastruktur vertraut[63]. Das Staatssekretariat plante und führte Aufgaben im Bereich des Sports aus.[64]. In der zentralisierten Phase des Dopings (1974 – 1989) war Günther Erbach Staatssekretär.[65] Stecher gibt dem gesamten Organ eine Mitschuld am Einsatz von Dopingmitteln.[66]

Im DTSB fanden, nach anfänglichem Widerstand, ab 1968 die ersten Versuche gemeinsam mit dem SMD und dem FKS zu anabolen Steroiden statt.[67] Die starke Leistungssteigerung aufgrund der damals erstmalig so genannten „Unterstützenden Mit-tel" veranlasste dann der breite Nutzung dieser Präparate, obwohl die schädlichen Nebenwirkungen[68] bekannt und sie nach gesetzlicher Grundlage gar nicht zugelassen waren.[69] Wie sehr der DTSB mit der SED verknüpft war, zeigt die bei der Grün-dung 1957 festgelegte Verpflichtung, seinen Pflichten „in unwandelbarer Treue zur Arbeiterklasse und ihrer Partei" nachzu-kommen.[70] Der Leistungssport wurde massiv privilegiert: Erstens ließ der DTSB 75% seiner Gelder in den Leistungssport fließen und zweitens gab es zahlreiche sogenannte Leistungssportbeschlüsse, aber keinerlei Beschlüsse für den Breitensport.[71] Dass der stellvertretende Direktor des SMD, Manfred Höppner, seit 1975 auch Leiter der AG UM war, unterstreicht die enge Verzahnung zwischen den einzelnen Organen des DDR-Sports.[72] Außerdem kooperierte Höppner selbst als IM unter dem Decknamen „Technik" mit dem MfS und war sich der Risiken und der Schäden an den Sportlern schon damals bewusst.[73] In Stasi-Akten wird der SMD gemeinsam mit dem FKS unter Höppner vom IM „Klinner" als „Auftraggeber" bezeichnet:

[59] vgl. „Andreas Krieger" von Blackspark, (o. D.)
[60] vgl. Stecher, 2017, S.11
[61] vgl. Stecher, 2017, S.10
[62] vgl. „Breitensport bestimmte sein Wirken" in Neues Deutschland, 2000 (Anmerkung: Bei der Tageszeitung „Neues Deutschland" handelt es sich nach eigenen Angaben um eine „sozialistische Tageszeitung". Dementsprechend ist zu erwarten, dass die Darstellung der sozialistischen DDR entsprechend positiv gefärbt ist. Daher wurden in diesem Fall lediglich biografische Angaben entnommen.)
[63] vgl. Stecher, 2017, S.7
[64] vgl. Stecher, 2017, S. 8
[65] ebd.
[66] ebd.
[67] ebd.
[68] ebd.
[69] vgl. BStU, MfS, BV Gera, X 231/83, Teil II, Bd. 1, Bl. 105-106
[70] vgl. „Treue ist gut, totale Kontrolle ist besser" in Der Spiegel, 2007
[71] ebd.
[72] vgl. Scheer, 2001
[73] vgl. Braun, 2010

Lothar Kipke war Oberarzt am FKS und gehörte ab Anfang 1975 der Gruppe „Zusätzliche Leistungsreserven" an, die die Verantwortung für die Entwicklung der Dopingpläne trug. Seine 650 Mitarbeiter große Behörde, das FKS, leitete die Entwicklung neuer Dopingpräparate sowie effektiverer Trainingsmethoden, wobei es mit der Forschungsabteilung von Jenapharm und dem Zentralinstitut für Mikrobiologie und experimentelle Therapie (ZIMET) kooperierte. Kipke erstattete als IM „Rolf" regelmäßig Bericht an den DTSB über den Fortschritt des Dopings und nahm an der konstituierenden Sitzung der Kontrollgruppe Sportmedizin für die Olympischen Spiele teil.[74] 1971 wurde bei einer der Sitzungen über verschiedene anabole Steroide diskutiert, woraufhin er eine Empfehlung zum Einsatz von Anabolika als Dopingpräparat abgab.[75] Als Olympiaarzt und Verbandsarzt beim Schwimmverband der DDR von 1975 bis 1985[76] führte er unter anderem 1977 Doping-Großexperimente an der Schwimmnationalmannschaft durch, die ein Jahr zuvor vom FKS konzipiert worden waren. Allen Schwimmerinnen der DDR-Nationalmannschaft wurden unter Kipke ab dem 14. Lebensjahr Anabolika verabreicht.[77] Selbst Manfred Höppner befand den übermäßigen Einsatz der Dopingmittel unter Dr. Kipke für bedenklich.[78]

Das ZK-Mitglied [79] Manfred Ewald war die einflussreichste Person im Sportbereich der DDR und „treibende Kraft" [80] des Dopings: Von 1948-1952 hatte er das Amt des Sekretärs im Deutschen Sportausschuss inne, bis 1960 war er Vorsitzender der Stako. Anschließend bekleidete er das Präsidentenamt des DTSB von 1961 bis 1988 und war zur gleichen Zeit (1973 – 1990) Leiter des NOK der DDR. Somit trug er die Verantwortung für die aus DDR-Sicht erfolgreichen Olympischen Spiele der Jahre 1976, 1980 und 1988. In seine Amtszeit als Leiter des NOK fallen 160 Gold-, 153 Silber- und 141 Bronzemedaillen bei Olympischen Spielen.[81] Es ist zu erkennen, dass durch die Kumulation der Ämter in wenigen Personen die Verantwortlichkeit ebenfalls bei einigen wenigen Personen lag. Hans-Joachim Teichler beschrieb Ewalds Machtfülle folgendermaßen: „Er hat die Rückendeckung von Seiten der Partei gehabt, konnte schalten und walten in diesem absolutistischen Staat." [82]

Die Inhalte des Staatsplanthemas 14.25. wurden als sogenannte vertrauliche Verschlusssache eingestuft, was sehr hohe Geheimhaltung bedeutete.[83] Der Grund für diese hohe Geheimhaltungsstufe erschließt sich aus dem Bericht des IM „Klinner" vom 08.12.1987 über „Probleme des Geheimnisschutzes betreffs Komplex 08[84]": Klinner kritisiert, dass die innewohnende politische Brisanz" des Staatsplanthemas aufgrund „großer Leichtfertigkeit" ungenügend beachtet wurde. Er sieht das Komplex 08 als „eine besonders empfindliche Nahtstelle zwischen Sport und internationalem Ansehen". Insbesondere wird deutlich, dass die Dopingmittel weder „nach der in der DDR geltenden Arzneimittel-rechtlichen Gesetzgebung geprüft" noch „für die Anwendung am Menschen […] freigegeben sind." Somit wurde gegen geltendes Recht im eigenen Land verstoßen.

Abb. 4: Ein Auszug aus den Stasi-Akten über die potenzielle Gesundheitsschädigung

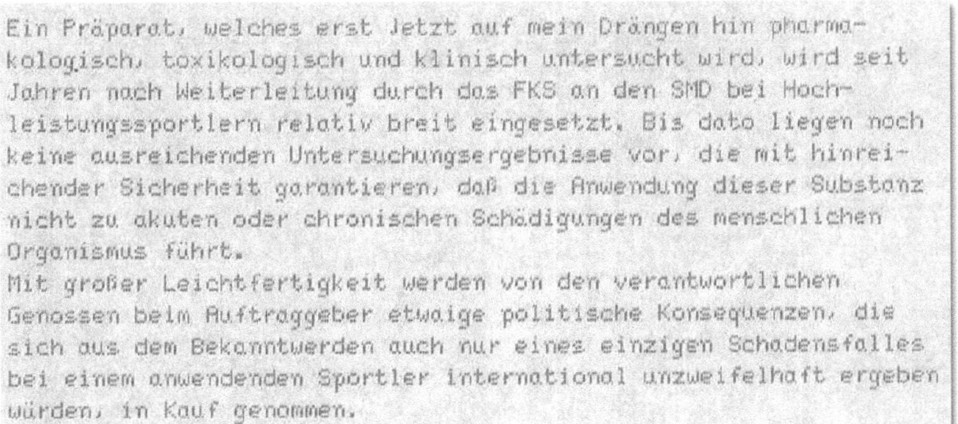

Ein Präparat, welches erst jetzt auf mein Drängen hin pharmakologisch, toxikologisch und klinisch untersucht wird, wird seit Jahren nach Weiterleitung durch das FKS an den SMD bei Hochleistungssportlern relativ breit eingesetzt. Bis dato liegen noch keine ausreichenden Untersuchungsergebnisse vor, die mit hinreichender Sicherheit garantieren, daß die Anwendung dieser Substanz nicht zu akuten oder chronischen Schädigungen des menschlichen Organismus führt.
Mit großer Leichtfertigkeit werden von den verantwortlichen Genossen beim Auftraggeber etwaige politische Konsequenzen, die sich aus dem Bekanntwerden auch nur eines einzigen Schadensfalles bei einem anwendenden Sportler international unzweifelhaft ergeben würden, in Kauf genommen.

[74] vgl. Mischke, 2010
[75] vgl. Spitzer, 2003, S. 244-245
[76] Krause, 2000
[77] vgl. Seppelt, (o. D.)
[78] vgl. Mischke, 2010
[79] vgl. Stecher, 2017
[80] vgl. „Manfred Ewald ist tot" in der Der Spiegel, 2002
[81] ebd.
[82] „Treue ist gut, totale Kontrolle ist besser" in Der Spiegel, 2007
[83] vgl. Stecher, 2017
[84] BStU, MfS, BV Gera, X 231/83, Teil II, Bd. 1, Bl. 105-106

Nichtsdestotrotz wurden diese Präparate, die „nicht die grundlegendsten pharmazeutischen, pharmakologischen und toxikologischen Grundregeln" einhielten, vom FKS und dem SMD so an Athleten verabreicht. Der IM befürchtete, dass, im Falle des Bekanntwerdens von Dopingschäden bei Sportlern, dies Folgen auf politischer Ebene nach sich ziehen würde. Der Geheimnisschutz und die Sicherheit der Arzneimittel haben aus Klinners Sicht „höchste Priorität".

Hier widerspricht demnach ein erfahrener Inoffizieller Mitarbeiter den Verordnungen seiner Vorgesetzten. Dies zeigt, dass es trotz der autoritären und zentralistischen Strukturen Uneinigkeiten innerhalb des Repressionsapparates der DDR gab. Wie im Folgenden noch aufgezeigt wird, fanden auch innerhalb des Sportsystems interne Streitigkeiten und Machtkämpfe statt. Der sehr hohen Priorität des Geheimnisschutzes aus Angst vor politischen Konsequenzen stimmt auch Dr. René Wiese zu: „Ziel der mit dem Staatsplanthema 14.25 einhergehenden Zentralisierung war Geheimhaltung des Dopings und somit die Wahrung des Gesichts nach außen."[85] Es sollte möglichst wenige Dokumente und möglichst wenig Wissende geben.[86]

s Reaktion der Sportführung auf den ersten öffentlich bekannten positiven Doping-Test der damaligen Kugelstoßerin Ilona Slupianek im Jahre 1977 beim Europapokalfinale in Helsinki wurde das „Zentralinstitut mit Rehabilitationszentrum und Dopingkontrolllabor Kreischa" gegründet, wo sich zugleich der Hauptsitz des SMD befand. Genau wie sich die DDR offiziell klar gegen Doping aussprach, so war auch das zentrale Doping-Kontroll-Labor nur offiziell dafür zuständig, Doping in den eigenen Reihen aufzudecken. In Wirklichkeit war es aber genauso Teil der Verheimlichungsmaschinerie des Dopings und somit der SMD auch.[87] 15 bis 20 Mitarbeiter untersuchten jährlich bis zu 5000 Urinproben. Die Doping-Verweigerin Antje Harvey erzählte, dass die Sportler vor jedem Wettbewerb Dopingtests machten, die dann in Kreischa ausgewertet wurden.[88] Positive Fälle wurden den zuständigen Behörden übermittelt und die betroffenen Athleten wurden unter dem Vorwand einer plötzlichen Verletzung oder Erkrankung an der Teilnahme internationaler Wettkämpfe gehindert.[89] Weitere Doping-Fälle hätten dem internationalen Ansehen, dass die DDR-Führung mittels sportlicher Erfolge anzustreben versuchte, geschadet.

3.2 Die Rolle der Medien

In der totalitären DDR gab es keine Pressefreiheit wie man sie im heutigen Sinne versteht, und die Presse vertrat nicht das Volk, sondern die Regierung. Die Presse diente, wie schon im Dritten Reich, der Propaganda und Verbreitung der marxistisch-leninistischen Ideologie der DDR, an deren Spitze die SED stand.[90] Um die Medien zu kontrollieren, wurde ein Zentralkomitee der SED gebildet, welches Anweisungen gab, „schwarze Listen" aufstellte, Redaktionen mit Spitzeln von innen abhörte und bei falschem Verhalten Konsequenzen einleitete und zensierte. Ableitend daraus lässt sich sagen, dass Journalisten und Journalisten sehr wenig Spielraum hatten und wenig Möglichkeiten für kritischen Journalismus, was zur Folge hatte, das entsprechend wenig über Doping publiziert wurde.[91] Das Politbüro der SED hatte Weisungsbefugnis über alle Organe der Presse.[92]

Im Gegensatz zur BRD gab es in der DDR weder einen medialen noch dementsprechend gesellschaftlichen Diskurs über Doping, da man die im Vergleich zur Wirtschaftsstärke und Bevölkerung ungewöhnlich großen sportlichen Erfolge mit der Überlegenheit des sozialistischen Gesellschaftssystems begründete.[93] Um diesem Diskurs aus dem Wege zu gehen, waren die wenigen Berichte, die es über Doping gab, negativ behaftet und politisch-ideologisch nicht konforme Schriften beziehungsweise „imperialistischer" Meinungen generell wurden, im Auftrag der Partei, nicht veröffentlicht.[94]. Der Sporthistoriker René Wiese fasst es in einem Interview mit uns folgendermaßen zusammen: „Doping war ein Tabuthema. Das gab es offiziell gar nicht und kam durch eine gelenkte Presse und einen generell nicht vorhandenen gesellschaftlichen Diskurs auch gar nicht auf."[95] Dennoch wurden die Inhalte der Medien den Bürgern als objektive Wahrheit präsentiert.

Abb. 5: Auszug aus den Stasi-Akten zur politischen Ausbeute der Olympischen Spiele

Am 11. 09. 1972 fanden die XX. Olympischen Sommerspiele in München und Kiel ihren Abschluß.
Vor Millionen Menschen der ganzen Welt demonstrierten die Sportler der sozialistischen Länder den enormen Aufschwung des Leistungssportes in der sozialistischen Gesellschaft.
Durch ihr Auftreten und ihre Erfolge wiesen sie überzeugend nach, daß die Errungenschaften von Körperkultur und Sport Bestandteil der freien Entwicklung und Entfaltung der menschlichen Persönlichkeit und damit Ausdruck der Überlegenheit der sozialistischen Gesellschaftsordnung sind.

---

[85] vgl. eigenes Interview mit Dr. René Wiese am 22.01.2021
[86] ebd.
[87] vgl. Stecher, 2017
[88] vgl. eigenes Interview mit Antje Harvey am 17.02.2021
[89] vgl. Klein, 2019
[90] vgl. Stecher, 2017, S.63-80
[91] ebd.
[92] ebd.
[93] ebd.
[94] ebd.
[95] Eigenes Interview mit Dr. René Wiese am 22.01.2021

Erfolge der DDR-Sportler wurden ausgiebig in den Medien zelebriert. Vor allem der Sieg der DDR-Fußballmannschaft über das bundesdeutsche Team bei der Fußballweltmeisterschaft 1974 erlangte dementsprechend große Aufmerksamkeit der DDR-Medien.[96]
Weshalb stellen die Medien aus sportpolitischer Sicht der SED-Führung also ein zentrales Element dar? Das stark subventionierte Sportsystem mitsamt Doping sollte möglichst hohe und viele Erfolge der DDR-Sportler generieren, die wiederum die Stärke des Sozialismus belegen sollten. Diese Botschaft sollte selbstverständlich bei der Bevölkerung als Rezipienten ankommen. Die Medien waren also damit beauftragt, die Erfolge der Sportler als ebenjene Überlegenheit zu interpretieren und sie an die Bevölkerung auf allen Ebenen zu vermitteln.

3.3 Geheimhaltung durch das Ministerium für Staatssicherheit

„In meinen Stasidokumenten wurde aufgelistet, was ich gesagt habe, als ich im Ausland war. Dort sind Kopien von Postkarten, die ich geschrieben habe, enthalten, also wir sind wirklich ganz schön bespitzelt worden."[97] Diese Aussage der Dopingverweigerin Antje Harvey beschreibt das Verhalten der Stasi bei Auslandsveranstaltungen. Im Ausland ging es darum, die Athleten von „imperialistischen" Einflüssen möglichst abzuschirmen und zu isolieren, um das durch Propaganda sorgfältig konstruierte Weltbild der Sportler nicht zusammenstürzen zu lassen und die Kontakte zur Außenwelt weitestgehend zu kappen. Bei Olympiaden, also Auslandswettkämpfe im ganz großen Stil, mussten entsprechend noch striktere Maßnahmen vorgenommen werden:
Die Stasi-Akten zur Olympiade 1988 in Seoul geben die Vorgehensweisen der sogenannten „Operativ-Gruppen", also lokal agierenden Stasi-Mitarbeitern, hierzu genauer preis. Die Sportler waren tiefgreifender persönlicher und ideologischer Kontrolle und Überwachung durch die für den Sport zuständige Hauptabteilung XX/3 ausgesetzt. „Operativ zu beachtenden Problemen", sprich Gefährdungspotential der Mission der Stasi, sollten tunlichst vermieden werden. Hierzu wurde mit lokalen Sicherheitsbehörden kooperiert und ein ständiger Kontakt zur MfS-Zentrale gepflegt. Es war wichtig den Sportlern Fluchtgedanken, in den Akten „Verratshandlungen" genannt, auszureden. Die DDR-Fraktion sollte bei der Olympiade von Delegationen imperialistischer Länder separiert werden. Die Terminologie der Akten erinnert, durch Ausdrücke wie „direkte Feindangriffe" an eine Konfrontation mit einem Feind in tiefsten Kriegszeiten.[98]
Für die Staatssicherheit waren die Olympischen Spiele 1972, welche nicht nur in einem nicht- sozialistischem Land, sondern gleich in der kapitalistischen BRD in München stattfanden, mit einem großen Aufwand verbunden. So liefen bereits Jahre vorher die Vorbereitungen unter dem Namen „Aktion Flamme". Dazu gehörte die Prüfung der Mannschaft und der potentiellen Touristen und ihre Überwachung durch Inoffizielle Mitarbeiter. Außerdem mussten die Bürger der DDR vor westdeutscher Propaganda in Sachen Olympia abgeschirmt werden. So wurde vom Zoll bereits 1971 eine steigende Tendenz bei der Einfuhr von Gegenständen mit Olympiawerbung festgestellt. Angeblich sollte das gezielt aus Westdeutschland versandte Material bei den DDR-Bürgern "negative Einstellungs- und Verhaltensweisen" hervorrufen. Insbesondere Bilder aus Schokoladenpackungen zog der Zoll aus dem Verkehr, weil die Darstellung eine "Diskriminierung" der DDR enthielt. Die Bilder zeigten sowohl ost- als auch westdeutsche Sportlerinnen und Sportler nebeneinander und widersprachen somit dem Anspruch Eigenstaatlichkeit der DDR. Diese starke Überwachung, nicht nur der Sportler, demonstriert anschaulich das Kontrollbedürfnis der DDR, aber auch die Angst vor Sportlerflucht sowie Einflussnahme der BRD. [99]

Abb. 6: Auszug aus den Stasi-Akten über die Maßnahmen gegen Republikflucht von Sportlern

```
Das Ziel der operativen Bearbeitung bestand von Anfang an darin,

        - Gründe, Motive und Umstände der Republikfluchten
        - Abwerber und deren Hintermänner
        - Rückverbindungen der flüchtigen Personen in die DDR
        - gegen die DDR feindlich gerichtete Handlungen der
          Personen
und       den weiteren Entwicklungsweg der abgeworbenen und
        · republikflüchtigen Sportler, Funktionäre u. a.
          im kapitalistischen Ausland, insbesondere in der BRD
          und in Westberlin
```

[96] vgl. „Die Stasi und der Leistungssport" von Bundeszentrale für politische Bildung, 2017
[97] vgl. Eigenes Interview mit Antje Harvey am 17.02.2021
[98] BStU, MfS, HA XX, Nr. 19349, Bl. 129-139
[99] BStU, MfS, BdL/Dok. Nr. 1470, Bl. 1-2

Abb. 7: Auszug aus den Stasi-Akten mit einer Auflistung von konfiszierten Gegenständen

```
Im Zeitraum vom 16. 4. - 15. 5. 1972 wurden insgesamt
                    59.724    Sendungen
mit                111.285   Gegenständen,
die Werbung zu den Olympischen Spielen in München beinhalten,
an den Postzollämtern festgestellt.

Zu den aufgedeckten Sendungen mit Olympiawerbung wurden
folgende Entscheidungen getroffen:

- Entnahme der Gegenstände                     54.755
- Gesamteinziehung von Sendungen, die über-
  wiegend Olympiamaterial enthalten              217
- Gesamteinziehung auf Grund anderer
  Gesetzesverstöße                                62
- Rücksendung aufgrund anderer Gesetzes-
  verstöße                                      4.678
```

Die SED-Führung fürchtete die Flucht talentierter Athleten aus der DDR in sogenannte „imperialistische Länder" wie die BRD, denn die Flucht bedrohte das von der SED-Führung etablierte Bild des überlegenen Sozialismus, das gerade mittels der Erfolge im Sport konstruiert werden sollte. Außerdem traten manche Athleten dann für den „Klassengegner" BRD an, was der sozialistischen Propaganda direkt entgegenwirkte. Um Sportler an der Republikflucht zu hindern, kamen verschiedene repressive Mittel zum Einsatz: Schauprozesse sollten abschreckend wirken, die Sportler wurden in ihrem Leben mithilfe des MfS tiefgründig überwacht und die Erinnerung an erfolgreiche, aber republikflüchtige Sportler wurde radikal getilgt.[100]
Von 1950 bis 1989 flohen insgesamt 615 DDR-Sportler ins Ausland. Leichtathletik, Fußball und Rudern waren die Sportarten mit den meisten Flüchtigen. Ab 1970 nahm die Zahl der Fluchtversuche stark ab, da Gegenmaßnahmen seitens der SED-Führung eingeleitet wurden. Die Hauptabteilung XX/3 war für die Republikflüchtlinge zuständig. Folgender Ausschnitt einer Stasi-Akte zeigt den Umgang der Stasi gegen republikflüchtige Sportler.[101]

3.4 Der Weg der Pillen

Firmen wie der VEB Jenapharm stellten im Rahmen sogenannter „Forschungsaufträge" von Manfred Ewald[102] beispielsweise das Anabolikum „Oral-Turinabol" her, die auch unter dem Namen „blaue Pillen" bekannt waren.[103] Der SMD verteilte sie, den eigens entwickelten zentralen Vergabekonzeptionen folgend[104], dann an Mitarbeiter in bezirklichen Beratungsstellen, vorrangig den Bezirkssportärzten.[105] Diese wiederum gaben sie dann an die Sportärzte der Leistungszentren, Mannschaften und Clubs. Die Trainer verabreichten sie dann, häufig unter Aufsicht und manchmal sogar unter Zwang, unverpackt den Sportlern. Häufig wurde hier das Vertrauensverhältnis zwischen Sportler und Trainer missbraucht.[106]„Die Trainer waren meine Bezugspersonen. Ich habe sie öfter gesehen als meine Eltern und konnte mir nicht vorstellen, dass mir da jemand was Böses will.", so die Vizeolympiasiegerin Dagmar Kersten.[107] Aus einem Bericht des Sportarztes Lothar Kipke alias IMS „Rolf" sind folgende Richtlinien zu erkennen: „Bei Sportlern unter 18 Jahren wird die Legende „Verabreichung von Vitaminen" angewendet, d.h. alles geschieht ohne Wissen der Betroffenen." und „Sportler über 18 Jahren werden in die Problematik einbezogen und vom Trainer mündlich zum Schweigen verpflichtet."[108] Wiese sieht das ähnlich: „Sportler ab 18 mussten eine Art Schweigeerklärung über die Einnahme unterstützender Mittel (UM) unterschreiben."[109] Sie seien beschwichtigt worden, indem die Vitaminpillen als förderlich und medizinisch unbedenklich tituliert wurden. Dass es sich bei den Pillen um Dopingmittel gehandelt habe, sei bei den Sportlern (Biathleten) ein offenes Geheimnis gewesen, so Antje Harvey: „Ich glaube keiner kann sagen, dass niemand gewusst hat, was los war."[110]

---

[100] vgl. Braun, 2010
[101] BStU, MfS, HA XX, Nr. 13875, Bl. 7-22
[102] vgl. Eigenes Interview mit Dr. René Wiese am 22.1.2021
[103] vgl. Hasselmann, 2016
[104] vgl. „Andreas Krieger" von Blackspark, (o. D.)
[105] vgl. „Vom Sportmedizinischen Dienst direkt ins Blut" von NDR, (o. D.)
[106] vgl. „Andreas Krieger" von Blackspark, (o. D.)
[107] Eigenes Interview mit Dagmar Kersten am 17.02.2021
[108] Mischke, 2010
[109] Eigenes Interview mit Dr. René Wiese am 22.01.2021
[110] vgl. Eigenes Interview mit Antje Harvey am 17.02.2021

Abb. 8: Das Verteilungskonzept der Dopingmittel von der Produktion bis zur Verabreichung

Produktion	Transport		Applikation
Firmen	**SMD** **Bezirksärzte**	**Sportärzte**	**Trainer**

o VEB Jenapharm	o Meldung an SKS	o Verteilung	o Mischung mit sonstigen sportmedizinischen Medikamenten	o Mannschaftstrainer
o Arzneimittelwerk Dresden	o Bereitstellung der Transportmöglichkeiten		o Dokumentation	o Persönliche Trainer der Olympioniken

3.5 Innere Differenzen und sukzessive Verselbstständigung

1988 wurde das 1983 entdeckte Wachstumshormon Somatropin von Manfred Höppner als UM für den für den landesweiten Einsatz freigegeben[111], dass im ZDK in Kreischa hinsichtlich seiner Wirkung untersucht und an 100 Athleten ausprobiert wurde. Hierbei kann man also von Menschenexperimenten sprechen. Stasi-Akten ist zu entnehmen, dass am 25.05.1986 erstmal Blutdoping als UM diskutiert wurde, obwohl es seitens der IOC bereits verboten worden war. Neben Blutdoping gab es ab 1984 auch Überlegungen, sich Genforschung für das Doping zu Nutze zu machen. Nicht nur die Dopingmittel an sich, sondern auch die Verheimlichung wurde immer raffinierter: Angesichts der Olympiade 1984 entwickelte das FKS exakte Zeitpläne zur Verabreichung der Mittel, um sich positiven Tests bei Steroid-Kontrollen geschickt zu entziehen[112]

Abb. 9: Auszug aus den Stasi-Akten über die schiere Menge der produzierten Mittel

```
Wie mir durch Dr. ████████████ (VEB Jenpharm) bekannt wurde,
wurden durch das FKS für 1988

    60.000 Tabletten

dieser Substanz bestellt, das sind 20 - 30.000 Behandlungstage
an Sportlern nur für 1988. Allein aus diesen Zahlen ist ersicht-
lich, wieviele Sportler mit diesem Präparat behandelt werden.
```

Von zentraler Bedeutung ist, dass hierbei Forschungen außerhalb des Staatsplanthemas 14.25 stattfanden, was ein Novum darstellte[113]: Einzelne Organe handelten also selbstständig und nicht mehr im Kollektiv. Als Beispiel kann das mitunter unabhängige und ambivalente Agieren des MfS unter dem sportbegeisterten Chef Erich Mielke herangezogen werden: Ab 1953 schon war der spätere Stasi-Chef, der 1957 Minister für Staatssicherheit wurde, Vorsitzender der nichtzivilen Sportvereinigung Dynamo, das direkt dem MfS unterstand. Er hatte somit von 1957 bis 1989 zwei Ämter in sich vereint. Mielke setzte zahlreiche Mitarbeiter in den Sportclubs ein, die die Trainer und Sportler hinsichtlich ihrer politisch-ideologischen Einstellung hin überwachen sollten. Manchmal waren die Spieler und Trainer selbst IMs. Er beschloss eigenmächtig den Bau neuer Sportstätten, förderte mit Doping gezielt die ihm unterstehenden Dynamo-Klubs und entwickelte sich somit allmählich zu einem ebenbürtigen Antagonisten neben Manfred Ewald, der eigentlichen Führungspersönlichkeit des Sportsystems.[114] Einerseits sicherte die Stasi das Sportsystem, handelte aber zugleich manchmal entgegen dem Interesse der Funktionäre, indem erfolgreiche Sportler, die nicht politisch linientreu waren, aussortiert werden sollten. Ein weiterer Beleg für das unabhängige, eigensinnige Handeln des Stasi-Chefs findet sich in einer Aussage Ewalds über ebenjenen: „Der sportmedizinische Dienst hatte wenig Einfluß auf Dynamo. Minister Erich Mielke war sehr ehrgeizig. Er wollte, daß seine Sportler überall die besten sind."[115] Jedoch fiel Ewald zunehmend in die Ungunst der SED, nachdem er den gegen den von nahezu allen Ostblockstaaten beschlossenen Boykott der Olympischen Spiele 1984 in Los Angeles gekämpft und öffentlich Kritik an der Öffnung der UdSSR zu marktwirtschaftlichen Prinzipien hin sowie ihrer Sportpolitik geübt hatte. Letztlich mündete dies 1988 in das Ende seiner Karriere als DTSB-Präsident, das von offizieller Seite auf seinen eigenen Wunsch hin geschehen sein soll.[116] Die Umstände deuten jedoch eher auf ein parteipolitisches Handeln hin. Dass Manfred Ewalds Rücktritt nach 27 Jahren DTSB einen großen sportpolitischen Umbruch

---

[111] vgl. Geipel, 2017
[112] ebd.
[113] ebd.
[114] ebd.
[115] „Ewald geht – Das Ende einer Ära" in Hamburger Abendblatt, 1988, S. 2
[116] ebd.

darstellte, zeigt sich auch in Akten der Staatssicherheit, in denen es heißt: „Es wurde auch darüber debattiert, daß Manfred Ewald jetzt, wo er nur noch Präsident des NOK der DDR ist, auf einmal aktiver Gegner jeder Art des Dopings auftritt."[117]

Der sich hier anbahnende Prozess des intrinsischen Auseinanderdriftens des Sportsystems setzte sich in den 80ern Jahren auf weiteren Ebenen fort. So wuchs der Widerstand in den eigenen Reihen gegen das Doping, bis zu 20% der Sportärzte verließen ihren Beruf. Zahllose neue und nicht zugelassene Dopingmittel wurden ausprobiert, die Geschehnisse entzogen sich mehr und mehr der einst zentralistisch-autoritären Organisation des DDR-Leistungssports unter Manfred Ewald.[118]

Abb. 10: Auszug aus dem Hamburger Abendblatt über den Rücktritt Manfred Ewalds

Ewald geht – das Ende einer Ära

iff **Ost-Berlin** – Der Abschied vollzog sich, wie es einem „Helden der Arbeit" gebührt – mit der Überreichung des „Karl-Marx-Ordens". Nach 27 Jahren an der Spitze des 3,5 Millionen Mitglieder zählenden Deutschen Turn- und Sportbundes (DTSB) der „DDR" wurde Manfred Ewald (65) in Ost-Berlin durch den 1. Vizepräsidenten Klaus Eichler (49) – offiziell auf eigenen Wunsch – abgelöst.

Ein Führungswechsel, hinter dem sich mehr verbirgt als bloßes „Funktionärchen-wechsel"-Spiel. In der „DDR" geht eine sportpolitische Ära zuende. Denn auch über Ewalds bevorstehenden Rücktritt als Präsident des Nationalen Olympischen Komitees wird bereits offen geredet.

Der 1926 im pommerschen Podejuch geborene Ewald war es, der dem Hochleistungssport unbedingte Priorität verschaffte. Der dafür sorgte, daß sich die „DDR" als zweit-

Manfred Ewald war seit 1961 Präsident des DTSB

stärkste Sportmacht der Erde etablierte. Doch zuletzt war er zunehmends ins politische Abseits geraten. Den Knick in der Karriere markierten die Olympischen Sommerspiele 1984. Das zuletzt hatte er den Boykott von Los Angeles bekämpft, offen die Verhalten der UdSSR kritisiert.

Anschließend sank Ewalds Popularitätskurve in SED-Kreisen stetig. Der überzeugte Marxist hatte

den Sport stets als Mittel zum Klassenkampf verstanden. Damit aber geriet er immer tiefer im Widerspruch zur Sportpolitik des „großen Bruders" UdSSR und dessen zunehmender Öffnung für Profitum und Kommerzialisierung. Dazu gesellten sich von der Parteispitze mit wachsender Sorge verfolgte Alkohol-Probleme.

Kritik kam auch von der Basis. Es machte sich Mißmut darüber, daß der DTSB-Chef nur Augen für Medaillen, Weltrekorde und Länderspiele hatte. Seit er das Sagen hatte, war jeder Versuch, Sport um des Sportes willen zu treiben, zum Scheitern verurteilt.

Es wäre sicher verfrüht, den Führungswechsel im DTSB als erstes Zeichen für „Glasnost" in der „DDR" zu bezeichnen. Doch mit Manfred Ewald verläßt einer die sportpolitische Bühne, den die Zeit überholt hat.

Doch selbst das dichte Netz aus Stasi-Mitarbeitern konnte nicht jeden Athleten an der Flucht in den Westen hindern, wie zum Beispiel 1988 den Skispringer Hans-Georg Aschenbach, der im Juni 1989 erstmals über das staatlich verordnete Dopingsystem berichtete. Obwohl die DDR-Führung versuchte, ihn zu diskreditieren, konnten die Enthüllungen über das Doping nicht gestoppt werden, sodass der FKS-Leiter Günter Urbach am 27. November die gezielte Vernichtung aller nicht mehr benötigten, belastenden Akten veranlasste. Die deutsche Wiedervereinigung 1990 brachte natürlich auch Umbrüche für das Sportsystem mit sich. Das Sportsystem der DDR, das in fester Hand der staatlichen, zentralistischen Strukturen gewesen war, war nun weitgehend autonom, während es von öffentlicher Seite weiterhin gefördert wurde und wird. „Die in dem in Artikel 3 genannten Gebiet in Umwandlung befindlichen Strukturen des Sports werden auf Selbstverwaltung umgestellt. Die öffentlichen Hände fördern den Sport ideell und materiell nach der Zuständigkeitsverteilung des Grundgesetzes."[119] Aus dem Vertrag geht auch hervor, dass das FKS, das Dopingkontrolllabor des SMD und das FES in Berlin im Rahmen der neuen Gesetze fortgeführt oder integriert wurden. Entscheidend ist hierbei jedoch der Beitritt des DTSB zum DSB an 15. Dezember 1990, denn die in der DDR etablierten Strukturen der frühkindlichen Förderung und des Dopings gingen verloren. In der ehemaligen DDR nahm ein demokratisch-föderales Sportsystem den Platz seines Vorgängers ein.

Das Leistungssportsystem der DDR hatte riesige Dimensionen angenommen: Die Mitarbeiter aus Staatssekretariat für Körperkultur und Sport, DTSB, SV Dynamo und ASV Vorwärts addierten sich zu 21.000 hauptamtlichen Mitarbeitern auf. 1989 arbeiteten 1980 Trainer in Vereinen für die 2. und 3. Förderstufe, die 11.000 zu fördernde Sportler betreuten.[120] Finanziert wurde dieses System mit einem Budget von ca. 800 Millionen Mark, was umgerechnet (inflationsbereinigt) circa 750 Millionen Euro sind. Zum Vergleich: Im Jahr 2020 betrug der Sportetat der Bundesrepublik nur 265 Millionen Euro.[121] Die DDR investierte also ungefähr dreimal so viele finanzielle Ressourcen in den Sport wie die wirtschaftlich deutlich stärkere Bundesrepublik Deutschland heutzutage. All dies veranschaulicht, welcher (monetärer) Wert den sportlichen Erfolgen von der sportpolitischen Führung beigemessen wurde.

---

[117] BStU, MfS, HA XX, Nr. 16953, Bl. 1-2
[118] ebd.
[119] Vertrag der BRD und der DDR über die Herstellung der Einheit Deutschlands vom 31.08.1990
[120] vgl. Braun, 2013, S. 16
[121] vgl. Harasim, 2019

4. Exkurs: Wissenschaftliche Aspekte des Dopings

„„Mein größter Wunsch wäre ein Tag schmerzfrei zu sein [...], aber ich glaube den wird es nicht mehr geben."

Sabine Werner
Dopingopfer

Beim Thema Staatsdoping in der DDR steht immer besonders das Dopingmittel Oral-Turinabol (OT) im Vordergrund. Das besondere Merkmal des Wirkstoffes OT ist seine blaue Tablettenform.[122] OT wird wissenschaftlich als Dehydrochlormethyltestosteron bezeichnet und ist ein anaboles Steroid. Später ist es auch bekannt unter dem 1987 von der Stasi vergebenen Namen M1[123].

Der erste Schritt für die Entwicklung des anabolen Steroids beim VEB Jenapharm war die Patentierung des „Schweinegallenverfahrens" im Jahr 1953. In diesem Verfahren wird aus dem Schlachtrest Schweinegalle ein kristalliner Hyodesoxycholsäureester gewonnen, der als Steroid-Grundkörper dient. Aus diesem Grundstoff entsteht nach mehreren Syntheseschritten das Gelbkörperhormon Progesteron, welches sich schließlich in Testosteron umwandeln lässt. Auf Grundlage dieses Verfahrens kam im Jahr 1961 OT als erstes eigenes Produkt des VEB Jenapharm auf den Markt. Da sich mit der Menge an gesammelter Schweinegalle schnell der Bedarf für die Synthetisierung nicht mehr decken ließ, stieg man Mitte der 1960er Jahre auf die Totalsynthese um.[124]

Eigentlich entwickelt, um die Muskelmasse nach einem Unfall oder einer Operation wieder aufzubauen, wurde OT schnell für die DDR-Führung interessant. Nach einem erfolgreichen Test bei den Olympischen Spielen in Mexiko im Jahr 1968 wurde OT systematisch im Leistungssport verwendet. Mitte der Neunzigerjahre stellte Jenapharm die Produktion des Testosteron-Derivats aufgrund seiner leberschädigenden Wirkung ein.[125]

Das zweite von der DDR verwendete anabole Steroid trägt den Namen Steroid-Testsubstanz Nummer 646 (STS 646).[126] Es wurde in den späteren Jahren des Dopings auch in größeren Mengen verwendet. Von der Stasi wurde es ab 1987 M2 genannt. STS 646 besitzt zwar die gleiche anabole Wirkung, jedoch eine um einiges höhere androgene Wirkung als OT.

Die androgene Wirkung liegt bei 97[127], was dem 14,5-fachen der androgenen Wirkung von OT entspricht. Zu einem starken Problem wurde die hohe androgene Wirkung von STS 646 gerade für weibliche Athletinnen, vielmehr noch als bei Wirkstoffen wie beispielsweise OT. Ein entscheidender Vorteil des Mittels aus Sicht der DDR war aber, dass das Einnehmen von STS 646 zu einer geringeren Gewichtszunahme als bei vergleichbaren Mitteln führte. Das anabole Steroid kann im Körper nicht durch das Aromataseenzym in Östrogen umgewandelt werden und wirkt sogar in gewisser Weise antiöstrogen. Da Wassereinlagerungen zu den östrogenen Nebenwirkungen von Anabolika zählen, ist hierin die geringere Gewichtszunahme begründet. Daher bot das Mittel einen Vorteil für Sportarten wie Turnen oder Eiskunstlauf, da dort das Gewicht eine entscheidende Rolle spielt. Das Mittel war bereits seit 1955 auf dem französischen Markt unter dem Namen Mestanolon bekannt. Bis 1981 wurde STS 646 durch das Zentralinstitut für Mikrobiologie und experimentelle Therapie (ZIMET) hergestellt und ab dann lag die gesamte Herstellung beim VEB Jenapharm.

Als geeignet herausgesucht wurde STS 646, wie auch das Dritte hier genannte anabole Steroid, Substanz XII, bei einer theoretischen Studie zur Entwickelung geeigneter Steroidsubstanzen im Jahr 1978. In der Studie wurden aus einem Pool von 150 Substanzen insgesamt 24 genauer charakterisiert.[128]

---

[122] vgl. Knuth, 2018
[123] vgl. Berendonk, 1991, S. 91
[124] vgl. „Tabletten made in Thüringen" in Laborjournal, 2020
[125] ebd.
[126] vgl. Berendonk, 1991a, S. 80
[127] ebd.
[128] vgl. „Entwicklung und Einsatz anaboler Steroide in der DDR" von Histpharm, (o. D.), S. 2

Substanz XII ist ein an Position 11 hydroxyliertes Derivat von Oral-Turinabol, dass bei eben genannter Studie eine bis zu zehnmal stärkere anabole Wirkung als OT zeigte.[129] In der Abschlussbeurteilung der Studie legte man fest, dass: „die Möglichkeit der klinischen Erprobung von Substanz XII in Erwägung gezogen werden sollte".[130]

STS 646 und Substanz XII wurden beide, aufgrund ihrer Befindung für geeignet angesehen, systematisch an Sportlern getestet und sollten später als Arzneimittel eingeführt werden. Zu kritisieren bei diesem Verfahren ist, neben den Folgen für die Sportler, hierbei, dass es sich bei beiden Wirkstoffen zwar um fachgerecht hergestellte Mittel zur klinischen Erprobung handelte, aber durch das Ministerium für Gesundheitswesen keinerlei Zulassung bestand. Demnach war die Anwendung in der DDR rechtlich unzulässig.[131] Besonders erstaunlich ist das im Hinblick auf die produzierten Mengen STS 646. Der deutsche Historiker Klaus Latzel errechnete mithilfe der Daten der 1980er Jahre einen Jahresdurchschnitt von 1,07 Kilogramm STS 646 pro Jahr, die im Leistungssport eingesetzt wurden.[132] Bei OT sind es zum Vergleich 0,84 kg. Obwohl das Ziel verfolgt wurde Substanz XII als Anabolikum zuzulassen, fiel es mengenmäßig, wie die anderen Substanzen nicht ins Gewicht.[133]

Insgesamt wurden im Jahr 1989 22,6 kg OT produziert. Der Anteil des für den Leistungssport verwendeten OTs an der Gesamtmenge liegt demnach bei nur 3,7%.[134] Der Großteil entfällt hier also auf die anderen möglichen Anwendungsbereiche außer dem Leistungssport. Möglich ist das, weil OT zugelassen und dementsprechend legal zu erwerben war. Zu den möglichen Abnehmern zählen z.B. Sportvereine oder auch Privatpersonen.

Ein weiteres von der DDR eingesetztes anaboles Steroid ist Androstendion. Im Körper wird es mithilfe der 17β-Dehydrogenase zu Testosteron umgewandelt, was zu einem Anstieg des Testosteronspiegels führt. Dieser Anstieg ist aber nur von kurzer Dauer, da das Androstendion schnell eliminiert wird. Dieser schnelle Abbau war für die DDR praktisch. Zu einem genau berechneten Zeitpunkt vor dem Wettkampf wurden alle dem Dopingkomitee bekannten Steroide mit anaboler Wirkung abgesetzt und durch Androstendion ausgetauscht. So konnte man die anabolikafreie Phase überbrücken, ohne dass man später in einem Dopingtest auffallen würde. Eingesetzt wurde Androstendion in der Vorbereitung auf Wettkämpfe ab 1982.[135]

Zusammenfassend lässt sich sagen, dass sich das Doping in der DDR von der hauptsächlichen Verwendung von OT zu Beginn, mittels einer Bestrebung zur weiteren Verbesserung der sportlichen Ergebnisse, hin zu einer vielfältigeren Auswahl an Stoffen entwickelte. Hierbei spielte der gesetzliche Rahmen keine Rolle. Erahnen lässt sich außerdem, dass die DDR bei einem Fortbestehen über 1990 hinaus weiterhin Ressourcen für die Erforschung und Weiterentwicklung der verwendeten Stoffe bereitgestellt hätte.

In der DDR kamen die Dopingmittel über Sportärzte und Trainer zu den Athleten. Diese ließen sich neben der klassischen Tablette viele Möglichkeiten einfallen, um ihren Sportlern die leistungssteigernden Mittel zu verabreichen. Es wurde speziell bei Kindern und Jugendlichen versucht, die Applikation der Dopingmittel ohne deren Wissen durchzuführen.

Dagmar Kersten äußerte in einem Interview mit uns Folgendes: „Neben den Tabletten haben wir zum Beispiel Eiweißpralinen und Kaugummis bekommen, die nicht beschriftet waren. Keiner von uns wusste im Nachhinein, warum wir auf so harten, schlecht schmeckenden Kaugummis herumkauen mussten."[136]

Damals teilweise sehr beliebt war das in Wasser lösliche Vitamin-/Brausepulver Dynvital, oft mit Anabolika beigemischt.[137] Sabine Werner erklärt uns, dass Dynvital „immer so ein Highlight" gewesen sei und dass sie und ihre Mannschaftskameraden sich mehr oder weniger darum gestritten haben sollen.[138] Retrospektiv sagt sie: „Wenn wir natürlich gewusst hätten, was es ist, hätten wir natürlich anders reagiert, wussten es aber nicht."

Sabine Werner berichtet außerdem davon, dass es in der KJS zwei Essensausgaben gegeben habe; für die Sportler und für Kraftsportler. Gemeint sind von ihr mit Kraftsportlern Sportler aus Sportarten, bei denen es primär um die Kraft geht, wie Gewichtheben, Radsport und Eisschnelllauf. Sie vermutet, dass dem Essen der Kraftsportler zusätzliche Stoffe beigemischt worden sein.[139]

Abgesehen von Dynvital war es keine Seltenheit, dass jungen Athleten Tabletten als Vitamine verkauft wurden. Dabei wurde das ausgeprägte Vertrauensverhältnis zwischen Trainer und Sportler missbraucht. Die Trainer nahmen oft die Rolle einer Vertrauensperson bei Hochleistungssportlern ein, da diese teils mehr Kontakt zu den Sportlern hatten als die eigenen Eltern.[140] Wenn Kinder und Jugendliche niemandem in der Familie oder im näheren Umkreis hatten, der sie über das Doping aufklärte, fügten sie sich häufig einfach ihren Trainern und vermuteten nichts Böses. Unter den Trainern gab es aber natürlich auch solche wie Henner Misersky, den Vater von Antje Harvey, die nicht mitgemacht und Sportler aufgeklärt haben.[141]

Außerdem war es üblich, dass Sportler, bei Verletzungen, Krankheiten und starken Belastungsphasen Spritzen injiziert

---

[129] ebd.
[130] ebd.
[131] ebd. S. 1
[132] ebd. S. 3
[133] ebd.
[134] ebd.
[135] vgl. Dubbels, 2000
[136] vgl. Eigenes Interview mit Dagmar Kersten am 19.2.2021
[137] vgl. Kuban, 2018
[138] vgl. Eigenes Interview mit Sabine Werner am 19.2.2021
[139] ebd.
[140] vgl. Fritsch, 2018b
[141] vgl. Eigenes Interview mit Antje Harvey am 17.2.2021

bekamen, bei denen man heute weiß, dass auch Doping dabei war.[142] Aufgrund der Quantität dieser Spritzenvergabe, die zum Alltag eines Sportlers gehörte, habe man auch hier selten etwas geahnt.

Bis Ende der 1980er Jahre wurde das Ziel einer Möglichkeit der nasalen Applikation von Anabolika ernsthaft verfolgt. Das Nasenspray war aber offensichtlich noch nicht ausreichend entwickelt, da die Nasenschleimhäute der Versuchsteilnehmer durch das Spray stark gereizt wurden. Hinzu kam eine schlechte Löslichkeit des im Nasenspray verwendeten Androstendions.[143] Ein Versuchsteilnehmer beschrieb die Folgen des Versuchs folgendermaßen: „Was folgte, war eine Art Vulkanausbruch. Zuerst zerfetzte es mir die Schleimhäute, dann heulte ich Rotz und Wasser."[144]

Die Zielsetzung der Studie „Analyse des Einsatzes unterstützender Mittel in den leichtathletischen Wurf- und Stoßdisziplinen und Versuch trainingsmethodischer Ableitungen und Verallgemeinerungen" aus dem Jahr 1973 bestand darin „durch statistische Analysen sportmethodische Ableitungen und verallgemeinerungsfähige Erfahrungen beim Einsatz unterstützender Mittel zu gewinnen".[145] In der Studie ist nicht die Rede von Dopingsubstanzen oder ähnlichem, sondern von unterstützenden Mitteln (UM). Die Studie analysierte ausführlich den OT-Konsum von 42 Spitzenklasse-Sportlern über einen Zeitraum von vier Jahren, einem sogenannten Olympiazyklus.[146] Aus der Studie gehen bestimmte umfangreiche Erkenntnisse und Empfehlungen für die Applikation von OT hervor. Hier einige Auszüge:
Es wurden die Vor- und Nachteile von einer Verabreichung in Form von Tabletten und in Form von Depotspritzen dargelegt.[147] Demnach hat man bei der Verabreichung über Depotspritzen eine bessere Kontrolle der Verabreichung, aber keine Steuerungsmöglichkeit. Bei der Verabreichung über Tabletten gibt es wiederum eine bessere Steuerungsmöglichkeit im Training, aber eine schlechte Kontrolle über die Einnahme, da man die Pillen beispielsweise unter der Zunge verstecken kann,[148] wie es die Doping-Verweigerin Antje Harvey tat.[149] Auf grundlegender medizinischer Ebene kam man zu dem Ergebnis, dass man die Tabletten nicht unbedingt zur Trainingszeit verabreichen müsse, da die Wirkung über 48 Stunden anhalte und dabei über den gesamten Zeitraum gleichbleibe. Deshalb würde bei einer Menge von 2-4 Tabletten am Tag eine einmalige Einnahme ausreichen. Eine größere Menge an Anabolika sollte aber dennoch zweimal täglich eingenommen werden.[150]
Außerdem kam man zu einer Auslaufzeit von 3-4 Tagen und OT wurde als ein optimales Präparat beschrieben, da es bei zielführender Wirkung nur geringe Nebenwirkungen habe.[151] In der Studie wurde eine Formel für die optimale Dosierung für Männer und für Frauen aufgestellt.[152] Zudem wurde Folgendes festgestellt: „Im Jahr sind 100 Tage der Einnahme von UM vertretbar. Es sollen möglichst nur zwei Einsätze erfolgen, um den Körper durch die auftretenden Umstellungsschwierigkeiten nicht unnötig zu belasten."[153] Kurz danach wird geschrieben: „Es muss darauf hingewiesen werden, dass es keine Garantie für die Ausschaltung von Nebenwirkungen gibt. Deshalb liegen die Länge und Dosierung des Einsatzes der UM allein in der Verantwortung des Arztes."[154] Neben dieser Empfehlung gab es noch eine Reihe weiterer zur Einsatzdauer, Einsatzdosis und dem Einsatzzeitraum.[155]
In der Studie wurden die psychologischen Aspekte des Dopings und deren optimale Nutzung festgelegt.[156] Bei einer Untersuchung verzeichnete die Placebo-Testgruppe einen Leistungsanstieg im Vergleich zu der Gruppe, die komplett ohne Anabolika oder Placebos trainierte. Der Effekt fiel dennoch nicht so stark aus wie bei der Gruppe, die Anabolika konsumierte. Man schlussfolgerte daraus, dass eine geringere Dosierung von OT über einen längeren Zeitraum sinnvoll sei, da dadurch: „der nicht zu unterschätzende psychologische Effekt länger wirkt." Im Anschluss wurde in der Studie erarbeitet, dass es sinnvoller wäre aufgrund dieses psychologischen Effekts die „UM" vor allem in Perioden zu verwenden, in denen es um die Entwicklung spezieller Leistung geht. Im Gegensatz zur Entwicklung von Kraft wäre eine hohe Leistungsbereitschaft erwartbar und die Leistungsentwicklung würde für den Sportler besser sichtbar werden.[157]
Die Anfangssituation für den Beginn des Dopings betreffend folgerte man neben anderem, dass der Sportler vor Beginn des Dopings vollkommen gesund sein müsse.[158] Das Niveau des Sportlers müsse weiterhin vor dem ersten Einsatz der UM so hoch sein, dass es innerhalb von 4 Jahren im Anschluss an die Weltspitze gestattet.[159]
Es wurden in der Studie außerdem verschiedene Einsatzvarianten dargestellt. Diese sind Vorlagen, wie eine Vergabe von UM verlaufen kann. Sie variieren in Bezug auf die Menge der UM und die Veränderung der Menge über den Einsatzzeitraum, als

---

[142] vgl. Fritsch, 2018b
[143] vgl. „Entwicklung und Einsatz anaboler Steroide in der DDR" von Histpharm, (o. D.), S. 3
[144] vgl. Berendonk, 1991b, S. 106
[145] vgl. Analyse des Einsatzes unterstützender Mittel in den leichtathletischen Wurf- und Stoßdisziplinen und Versuch trainingsmethodischer Ableitungen und Verallgemeinerungen, 1973, Bl. 3
[146] ebd.
[147] ebd. Bl. 6
[148] ebd.
[149] vgl. Eigenes Interview mit Antje Harvey am 17.2.2021
[150] vgl. Berendok, 1992, S. 15
[151] ebd. S. 6
[152] ebd. S. 7
[153] ebd.
[154] ebd.
[155] ebd. S. 28-29
[156] ebd. S. 7-8
[157] ebd. S. 8
[158] ebd. S. 28
[159] ebd. S. 29

auch in Bezug auf die durch das Training hervorgerufene Belastung.[160]

Oral-Turinabol, STS 646 und Substanz XII weisen eine C-17α-Alkylierung auf, welche eine orale Applikation erlaubt. C-17α-Alkylierung bedeutet, dass an der Position 17α im Anabolikum eine Methylgruppe eingeführt ist. Die C-17α-Alkylierung verzögert die Verstoffwechselung des Moleküls in der Leber und verstärkt gleichzeitig die Lebertoxizität.[161] Den in der DDR am meisten verwendeten anabolen Steroiden, OT und STS 646, ist aufgrund der vorhandenen C-17α-Alkylierung eine hohe Lebertoxizität zuzuschreiben. Zusätzlich schädlich für die Leber waren zur damaligen Zeit der druckbedingte erhöhte Alkoholkonsum und bei Frauen außerdem der Konsum der Pille. Funktionsstörungen der Leber sind bei Anabolikakonsum häufig und unter seltenen Umständen können Gewebeentartungen und Tumore entstehen. 1993 starb mit 35-jährige Hammerwerfer Detlev Gerstenberg an einer zirrhotisch gewordenen Leber, offenbar aufgrund der genannten Doppelbelastung durch Anabolika und Alkohol.[162]

Psychotrope Nebenwirkungen sind nichts anderes als die Nebenwirkungen, die einen Einfluss auf die menschliche Psyche nehmen. Es gibt zu den psychotropen Nebenwirkungen von Anabolika nur wenige nach wissenschaftlichen Standards durchgeführte Untersuchungen, aber dennoch zahlreiche Selbstberichte und Fallstudien.[163]

Psychotrope Effekte treten vor allem bei hohen Dosierungen von Anabolika auf, wie sie in der DDR normal waren.[164] Akute Nebenwirkungen umfassen positive als auch negative Veränderungen der Stimmungslage. Zu den langfristigen Nebenwirkungen können negative Einflüsse auf Konzentrationsfähigkeit und Erinnerungsfähigkeit gehören.[165]

Der Großteil der in der DDR gedopten Sportler waren minderjährig.[166] In einem Artikel des Deutschlandfunks spricht Ines Geipel, die selber Spitzensportlerin in der DDR und von 2013 bis 2018 Vorsitzende des Doping-Opfer-Hilfevereins war, in Ausschnitten genau darüber: „Also, Staatsdoping heißt eben 80% Minderjährige, junge Erwachsene".[167] In vielen Quellen ist die Rede davon, dass man die jungen Sportler und ihre Körper „verheizt"[168] habe. Die jungen Erwachsenen und zum Teil Kinder waren neben dem meistens versteckten Doping Extrembelastungen im Training ausgesetzt. Damit sie dem Training standhalten konnten und um im Wettkampf noch weiter über die eigenen Grenzen hinaus gehen zu können, wurden ihnen häufig Schmerzmittel in hoher Dosierung verabreicht.[169] Auch schon bei Erwachsenen führt der Konsum von Anabolika oder anabolen Steroiden zu zum Teil stark gesundheitsschädlichen und unnatürlichen Nebenwirkungen. Ein noch nicht ausgewachsener Organismus ist für gesundheitliche Folgen aber noch anfälliger. Hinzu kommen neben Anabolika und Schmerzmitteln auch noch Stimulanzien und Wachstumshormone, die den Minderjährigen verabreicht wurden.[170] All das führte dazu, dass in vielen Fällen Opfer des DDR-Dopings heutzutage über eine große Vielfalt an Beschwerden klagen.[171]

---

[160] ebd. S. 30
[161] vgl. Hoffmann, 2003
[162] vgl. „Doping in der DDR: Nebenwirkungen bei Männern" in Berliner Zeitung ,1994
[163] vgl. „Nebenwirkungen von Anabolika" von Deutsche Sporthochschule, (o. D.)
[164] ebd.
[165] ebd.
[166] vgl. Bernhard, 2018
[167] ebd.
[168] vgl. Fritsch, 2018a
[169] ebd.
[170] vgl. Fritsch, 2018b
[171] ebd.

5. Einzelschicksale

Aus rein wissenschaftlich-statistischer Perspektive werden die Lebensgeschichten von Menschen zu bloßen Daten. Doch unsere Wahrnehmung funktioniert nicht vollständig abstrahiert von den tatsächlichen, subjektiven Lebensrealitäten dieser Personen. Darum sollen im Folgenden der Werdegang ausgewählter Personen näher untersucht werden.
Diese Einzelschicksale verdeutlichen jeweils die gravierenden medizinischen Auswirkungen von Anabolika, das brutale Agieren der Stasi zur Abschirmung der Athleten und den Kenntnisstand über Doping sowie die Folgen, welche dessen Ablehnung mit sich brachte.

5.1 Gerd Bonk: Todesfall durch Dopingkonsum

„Verheizt von der DDR, vergessen vom vereinten Deutschland."

Gerd Bonk
Dopingopfer und Olympiasieger

Gerd Bonk war ein international für die DDR antretender, deutscher Gewichtheber. Einerseits stellte er zwei Weltrekorde im Gewichtheben auf, aber andererseits war er gleichzeitig unbewusster Dopingweltmeister, was schwere gesundheitliche Folgen für ihn mit sich brachte.
Der Sachse Gerd Bonk wurde am 26. August 1951 in der Kleinstadt Limbach im Vogtland geboren.[172] „Mit 13 wog ich 100 Kilo. An der Schule dachten sie, ich sei der Lehrer. Und einer hat 'Sheriff Pudding' zu mir gesagt. Da hab' ich angefangen, ein bisschen zu trainieren"[173], wurde Bonk vom „Vogtland Anzeiger" zitiert.
Seine sportliche Karriere begann der damals 12-jährige Bonk beim BSG Motor Nema Netzschau, zunächst noch als Leichtathlet.[174] Anfangs war er spezialisiert auf die Disziplinen Laufen und Weitspringen, wechselte dann aber zum Kugelstoßen. Im Jahre 1965 wurde er DDR-Jugendrekordhalter und Spartakiade-Sieger.[175] Im gleichen Jahr wechselte er dann mit 14 Jahren zum, im heutigen Chemnitz angesiedelten, SC Karl-Marx-Stadt.[176] Parallel zum Kugelstoßen betrieb er auch viel Krafttraining und als dann 1966 seinem Verein ein Schwergewichtheber gefehlt habe, sei Bonk eingesprungen und das Team gewann daraufhin die DDR-Mannschaftsmeisterschaften.[177] 1967 erzielte er einen DDR-Jugendrekord im Kugelstoßen mit einer Weite von 17,82 Metern, aber da er im Gewichtheben deutlich ansehnlichere Erfolge verzeichnen konnte, wechselte er 1969 endgültig die Sportart, bei der er von nun an unter der Obhut des Trainers Wolfgang Schimmel stand.[178]
Mit einer Masse von über 110kg wurde er 1971 DDR-Champion im Superschwergewicht und sein Kennzeichen war der sogenannte „Clean and Jerk", übersetzt auch Reißen und Stoßen. Diesen Titel sollte er auch in den Folgejahren noch dominieren. Es wird vermutet, dass Bonk zu dieser Zeit schon Steroide zu sich nahm, jedoch lässt sich kein genauer Zeitpunkt benennen, an dem das Doping begann.[179] Laut eigener Aussage habe bei Bonk das systematische Doping 1972 eingesetzt und er habe davon nichts gewusst. Des Weiteren sagte er, dass die Sportler eine vertraglich geregelte Schweigepflicht unterschreiben haben müssen.[180]

[172] vgl. „Gerd Bonk" von Munzinger, (o. D.)
[173] „Trauer um Gerd Bonk: Der einst stärkste Mann ist tot" von MDR, 2014
[174] ebd.
[175] vgl. „Gerd Bonk" von Munzinger, (o. D.)
[176] vgl. „Gerd, Bonk" von Bundesstiftung Aufarbeitung, (o. D.)
[177] vgl. „Gerd Bonk" von Munzinger, (o. D.)
[178] vgl. „Gerd, Bonk" von Bundesstiftung Aufarbeitung, (o. D.)
[179] vgl. Blickenstaff, 2016
[180] vgl. „Trauer um Gerd Bonk: Der einst stärkste Mann ist tot" von MDR, 2014

Bei den Olympischen Spielen 1972 in München erlangte er seine erste Olympiamedaille aus Bronze.[181] Vier Jahre später, bei den Olympischen Spielen in Montreal, wurde er dann Vizeolympiasieger im Superschwergewicht hinter seinem Konkurrenten Alekseyev.[182] Er stellte zwei Weltrekorde in den Jahren 1975 und 1976 in Chemnitz und Berlin auf und erlangte insgesamt 31 Medaillen auf internationaler Ebene bei Olympischen Spielen, Europa- und Weltmeisterschaften.[183] Durch diesen landesübergreifenden Erfolg nahm Bonk eine Hauptrolle in der Propaganda der SED als „stärkster Mensch der Welt" ein.[184] Er war ein Paradebeispiel dafür, was man durch das DDR-Förderprogramm erreichen konnte, wurde dementsprechend in Szene gesetzt und sollte als Beispiel und Vorbild Vieler gelten. Als inoffizieller Beschäftigter arbeitete Bonk zu seiner Zeit als Athlet für die Stasi der Bezirksverwaltung Karl-Marx-Stadt.[185]

Im Jahre 1979 erlangte er dann auch unfreiwillig den Dopingweltmeistertitel. In diesem Jahr konsumierte Bonk 12.775 Milligramm Steroide, wovon 11.550 Milligramm Oral-Turinabol waren.[186] Anabolika in diesen Dimensionen habe kein anderer Sportler in der DDR zu sich genommen. Laut Werner Franke haben Bonks Ärzte bei ihm spätestens 1979 schwere Diabetes diagnostiziert, es ihm aber verschwiegen und ihn weiter gedopt, damit er 1980 in der russischen Hauptstadt noch einige Erfolge bei den Olympischen Spielen einfahren konnte.[187] Dieser Plan ging jedoch nicht auf, da obligatorische und strengere Dopingkontrollen eingeführt wurden. Aus diesem Grund wurde zwischen 1979 und 1980 Bonks Oral-Turinabol-Konsum um etwa 38% gesenkt. Diese Reduzierung war jedoch nicht ausreichend, weswegen das Olympische-Komitee der DDR ihn nicht nominierte. Die Konklusion dessen war der Rücktritt Bonks aus dem professionellen Gewichtheben. 1980, mit 39 Jahren, sei er dann über seine Diabetes-Erkrankung aufgeklärt worden.[188] Nachdem er für die DDR keinen sportlichen Nutzen mehr hatte, sei er fallengelassen worden und habe keine medizinische Betreuung mehr seitens seines Vereins erhalten.[189]

Nur vier Jahre später saß Bonk schon im Rollstuhl aufgrund schwerer Organschäden, einem zerstörten Rücken und Begleiterscheinungen seiner Diabeteserkrankung.[190] Sieben Jahre nach seinem Rücktritt wurde er dann Invalidenrentner,[191] da er als Kfz-Handwerker, der zum Meister aufgestiegen war, dieser Tätigkeit nicht mehr nachgehen konnte.[192]

Der verheiratete 1,87m große und 145kg schwere Bonk war leidenschaftlicher Schallplattensammler, erfreute sich an seinem Aquarium und zu Zeiten, in denen er noch nicht vollends eingeschränkt war, habe er Fuß-, Basket- und Volleyball als Ausgleich zum Gewichtheben gespielt und fuhr im Winter Ski.[193] Als eines von 194 staatlich anerkannten Dopingopfern wurde er 2002 mit einer einmaligen Summe von 10.438 Euro entschädigt.[194] Im gleichen Jahr erhielt er den Opel-Preis für Stille Sieger als „Besonderer Kämpfer".[195]

Die verheerenden Folgen seiner Diabeteserkrankung ließen ihn am 29. September 2014 nach zweifacher Reanimation ins Koma fallen. Der 20. Oktober 2014 ist Gerd Bonks Todestag. Er starb nach langer Krankheit im Alter von 63 Jahren in der Thüringer Stadt Greiz in einem Krankenhaus.[196] Der Verein der Doping-Opfer-Hilfe, in dem er eines der ersten Mitglieder war,[197] sprach sein Beileid gegenüber Bonks zurückgebliebener Frau und seinem Sohn aus.[198] [199]

---

[181] vgl. Purschke, 2014
[182] vgl. „Zum Tod von DDR-Gewichtheber Gerd Bonk" von Doping-Opfer-Hilfe e.V., 2014
[183] vgl. „Ex-Weltrekordler Gerd Bonk ist tot" in Der Spiegel, 2014
[184] vgl. Blickenstaff, 2016
[185] vgl. Purschke, 2014
[186] ebd.
[187] vgl. Blickenstaff, 2016
[188] ebd.
[189] vgl. „Zum Tod von DDR-Gewichtheber Gerd Bonk" von Doping-Opfer-Hilfe e.V., 2014
[190] vgl. Blickenstaff, 2016
[191] vgl. „Ex-Weltrekordler Gerd Bonk ist tot" in Der Spiegel, 2014
[192] vgl. „Gerd Bonk" von Munzinger, (o. D.)
[193] ebd.
[194] vgl. Herrmann, 2014
[195] vgl. „Ex-Weltrekordler Gerd Bonk ist tot" in Der Spiegel, 2014
[196] vgl. Blickenstaff, 2016
[197] ebd.
[198] vgl. „Zum Tod von DDR-Gewichtheber Gerd Bonk" von Doping-Opfer-Hilfe e.V., 2014
[199] „Ex-Weltrekordler Gerd Bonk ist tot" in Der Spiegel, 2014

5.2 Ines Geipel: Kämpferin gegen das System

„Und dann war einfach klar:
Das halte ich nicht mehr aus."

Ines Geipel
Dopingopfer und ehemalige Vorsitzende der Doping-Opfer-Hilfe

Ines Geipel, geb. Schmidt[200], ist eine ehemalige DDR-Leichtathletin, die ihre Kindheit als „Kindheit im Terror"[201] beschreibt. Sie erhielt eine Entschädigungszahlung vom Bund als anerkanntes Dopingopfer des DDR-Staatsdopings und engagiert sich bis heute in der Aufarbeitung der Ostgeschichte.

Ines Geipel wurde am 7. Juli 1960 im sächsischen Dresden geboren und verbrachte dort mit ihren drei Geschwistern die ersten 14 Jahre ihres Lebens.[202] Sie wuchs als sozialistisch indoktriniertes Kind in einer streng kommunistischen Familie auf.[203] Hinzu kam, dass ihre Großeltern durch den Nationalsozialismus vorbelastet und geprägt waren.[204] Geipel habe viele Fragen gestellt und wurde jahrelang belogen. An ihrem Bruder und ihr seien seitens des Vaters Stasi-Methoden ausprobiert worden und es habe systematisch Gewalt das Leben bestimmt.[205]

Im Alter von 14 Jahren wurde sie dann auf die Internatsschule Wickersdorf, auch rote Kaderschmiede genannt,[206] und eng verbunden mit dem Ministerium für Staatssicherheit, im Thüringer Wald geschickt.[207] Geipel beschreibt diesen Schritt zwar als hart, durch den Kontaktbruch zu ihren Geschwistern, jedoch bezeichnet sie ihn auch als ihre Erlösung[208] und Rettung der Gewalt ihres Vaters zu entkommen.[209] Zur selben Zeit begann ihr Vater als Terroragent der Stasi mit acht Identitäten in den Westen zu reisen, was Geipel erst 2004 erfuhr.[210] Aus Frustration und Heimweh sei sie täglich stundenlang bis zur vollen körperlichen Erschöpfung durch den Wald gelaufen und wurde „Die Waldläuferin" genannt.[211] Geipel habe nicht viel über den Sport gewusst und auch keine geeigneten Schuhe gehabt, sondern sei ausschließlich aus therapeutischen Beweggründen gelaufen, um ihren Schmerz zu verarbeiten.[212]

Das sportliche Talent der Einzelkämpferin wurde schnell erkannt, woraufhin sie 1977 Mitglied des SC Motor Jenas[213] und kurz darauf auch Jugendmeisterin im Weitsprung und DDR-Staffelmeisterin wurde.[214] Mit 18 Jahren wurde sie dann in die DDR-Leichtathletik-Nationalmannschaft aufgenommen. Auf das enorme Belastungsvolumen war sie nicht vorbereitet und ihr Körper habe dementsprechend verletzungsanfällig reagiert. Andererseits sei ihre Einstellung noch „ganz frisch" gewesen, wie sie selbst es formuliert, und ihr Leben habe sich auf die Ziele, Weltrekorde aufzustellen und olympische Erfolge einzufahren, getrimmt. Sie lebte in einem Leistungszentrum, einem Internat auf dem Gelände des SC Motor Jenas, in dem sich ihr gesamtes Leben abspielte. Von dem Doping wusste sie laut eigener Aussage nichts. Die Tabletten hätten offen herumgelegen, aber über die Gefahr dieser wäre sich niemand bewusst gewesen. Sie beschreibt sich als naiv, da sie geglaubt habe, die erstaunlichen sportlichen Fortschritte seien rein der Disziplin und ihrem Talent zuzuschreiben. Ihr Alltag war bin ins kleinste Detail durchgetaktet und sie hatte einige Auslandswettkämpfe. Das Privileg dieser Auslandsbesuche habe sie jedoch nie wirklich ausschöpfen können, da sie immer von Stasi-Funktionären umgeben war. Sie beschreibt den Sport in der DDR als eine „Diktatur in einer Diktatur".[215]

Im Jahre 1984, im Alter von 24 Jahren, holte sie in einer Vierer-Frauenstaffel den Sprintweltrekord über 100 Meter mit einer Zeit von 42,20 Sekunden[216]. Dazu sei jedoch gesagt, dass man diese Disziplin nirgends austrug oder anerkannte.[217]

---

[200] vgl. Barthold, 2019
[201] „Meine Generation hat den inneren Hitler in sich konserviert" von Cicero, 2019
[202] vgl. „Ines Geipel" von Munzinger, 2018
[203] vgl. Eins, 2018
[204] vgl. Barthold, 2019
[205] vgl. „Meine Generation hat den inneren Hitler in sich konserviert" von Cicero, 2019
[206] vgl. Eins, 2018
[207] vgl. Barthold, 2019
[208] vgl. Eins, 2018
[209] vgl. Barthold, 2019
[210] vgl. Barthold, 2019
[211] vgl. Kahrs, 2008
[212] vgl. Geipel, 2020
[213] vgl. Geipel, 2020
[214] vgl. „Ines Geipel" von Munzinger, 2018
[215] Geipel, 2020
[216] vgl. Kahrs, 2008
[217] vgl. Franke, 2019

Aufgrund der Erkenntnis, dass sie zu dieser Zeit Dopingmittel zu sich nahm, was sie erst später aus ihren Stasi-Akten erfahren habe, beantragte sie aus der Rekordliste gestrichen zu werden. Geipel argumentierte, dass der Dopingapparat der DDR ein Verbrechen war und solange sie den Rekordtitel trage, sei sie Teil der Kriminalität und mit ihr verbunden.[218] Im gleichen Jahr verliebte sie sich in einem Vorbereitungslager auf die Olympischen Spiele in Los Angeles, welche später vom Ostblock boykottiert werden sollten, in einen mexikanischen Geher namens Ernesto.[219] Sie habe der kommunistischen Ideologie schon lange den Rücken gekehrt, aber dieses Ereignis sei der ausschlaggebende Grund für ihre Pläne gewesen, während der Olympischen Spiele den Fängen der DDR zu entfliehen, was schließlich aufgrund des Boykotts scheiterte.[220] Ein damaliger Sportkollege, einer von vielen Spitzeln, die sich zu dieser Zeit in ihrem Umfeld befanden haben sollen[221], habe sie an die Stasi verraten und daraufhin wurde ihre sportliche Karriere beendet.[222] Sie erhielt nicht einmal die Chance, das hohe Trainingspensum unter ärztlicher Beaufsichtigung abzubauen und habe mit dementsprechenden Folgen zu kämpfen. Die Zulassung für ein Medizinstudium wurde Geipel ebenfalls verweigert.[223] Eine weitere Strafe für ihren Fluchtversuch war eine angebliche Blinddarmoperation, bei der ihr der gesamte Bauch samt Muskulatur durchschnitten wurde, wie sie später aus den Akten erfuhr. Die Stasi hatte einen sogenannten „Zersetzungsplan" auferlegt, dessen letzter Schritt die Operation war. Die folgenden Komplikationen der Operation verwehrten ihr schließlich jegliches Weiterverfolgen sportlicher Aktivitäten. Bei einer 9-stündigen Operation im Jahre 2003 stellte sich heraus, dass Geipels Organe ineinander gewachsen waren.[224]

In den Jahren 1985 bis 1989 studierte Ines Geipel an der Friedrich-Schiller-Universität in Jena Germanistik.[225] Aufgrund ihres Kontaktes zur Jenaer Opposition sei ihr eine Dissertation verweigert worden sowie eine berufliche Perspektive.[226] Daraufhin floh die 29-jährige über Ungarn in den Westen nach Darmstadt. Nach ihrer Flucht begann sie einen Neustart, wohnte in einer kleinen Wohnung unterm Dach und arbeitete als Aushilfskellnerin in einem Weinlokal,[227] wo sie im Fernsehen den Mauerfall mitverfolgte.[228] Geipel entdeckte eine Passion für Frühromantiker wie Heinrich von Kleist, Friedrich Nietzsche und Georg Büchner, der der ausschlaggebende Grund für Geipels Wohnort Darmstadt gewesen sein soll. Zwei Jahre reflektierte Geipel ihre Erfahrungen und genoss die unzensierten Entfaltungsmöglichkeiten des Westens, bis sie sich an der Technischen Universität in Darmstadt einem Magisterstudium der Philosophie und Soziologie widmete. Mit ihrem Abschluss fand sie zunächst keine unbefristete Arbeitsstelle und gab sich mit Gelegenheitsjobs zufrieden.[229] Seit 2001 ist sie Professorin für Deutsche Verskunst in Berlin an der Hochschule für Schauspielkunst Ernst Busch.[230]

Ines Geipel hat einen nicht von der Hand zuweisenden Anteil an der Aufarbeitung des Dopingmissbrauches der DDR geleistet. Im Jahr 2000 war Geipel eine von 19 Nebenklägerinnen in einem Prozess gegen die Verantwortlichen des Staatsdopings. Außerdem hat sie durch Publikationen und weiteres Engagement einen Beitrag geleistet, der in zwei Entschädigungsgesetzen für Betroffene mündete.[231] Zusammen mit Joachim Walther gründete sie das „Archiv der unterdrückten Literatur der DDR". Des Weiteren schrieb sie eine Reihe an Büchern zur Aufklärung der DDR-Geschichte.[232] Von 2013 bis 2018 war sie Vorsitzende des Doping-Opfer-Hilfevereins.[233] Aufgrund von Streitigkeiten innerhalb der Organisation trat sie 2018 zurück. Sie beschrieb ihre Zeit als Vorsitzende als hart und anstrengend, aber durchaus erfolgreich.[234] 2011 erhielt sie das Bundesverdienstkreuz und 2020 den Lessingpreis für Kritik.[235]

Heute lebt Ines Geipel in Zürich und Berlin. Sie ist politisch immer noch engagiert.[236] Zu ihren Eltern hat sie schon lange kein Kontakt mehr und den Akten lässt sich entnehmen, dass diese keinerlei Einsicht zeigen, geschweige denn Schuld einsehen. Ihr Vater leugnete seine Spionage-Tätigkeiten vor Gericht und ihre Mutter schwieg.[237] 2018 starb ihr Bruder an einem Hirntumor, von dem er Geipel erst vier Wochen vor seinem Tod erzählte. Dieser Schicksalsschlag regte sie dazu an, ein weiteres Buch zu schreiben, „Umkämpfte Zone: Mein Bruder, der Osten und der Hass".[238]

[218] vgl. Reinsch, 2006
[219] vgl. Geipel, 2020
[220] vgl. Eins, 2018
[221] vgl. Kahrs, 2008
[222] vgl. Schirmer, 2020
[223] vgl. Barthold, 2019
[224] vgl. Geipel, 2020
[225] vgl. „Ines Geipel" von Munzinger, 2018
[226] vgl. „Gerd, Bonk" von Bundesstiftung Aufarbeitung, (o. D.)
[227] vgl. Barthold, 2019
[228] vgl. Geipel, 2020
[229] vgl. Barthold, 2019
[230] vgl. „Professor Ines Geipel" von Hfs Ernst Busch, (o. D.)
[231] vgl. Schirmer, 2020
[232] vgl. „Gerd, Bonk" von Bundesstiftung Aufarbeitung, (o. D.)
[233] vgl. Geipel, 2020
[234] vgl. „In der DDR zwangsgedopt | Ex-Sportlerin Ines Geipel" von SWR1, 2019
[235] vgl. „Gerd, Bonk" von Bundesstiftung Aufarbeitung, (o. D.)
[236] vgl. Eins, 2018
[237] vgl. Kahrs, 2008
[238] „In der DDR zwangsgedopt | Ex-Sportlerin Ines Geipel" von SWR1, 2019

5.3 Antje Harvey: Dopingverweigerin und später Erfolg

„Ich habe gewonnen, obwohl ich damals ein bisschen was verloren habe."

Antje Harvey
Dopingverweigerin und Olympiasiegerin

Antje Harvey, geb. Misersky[239], ist eine ehemalige deutsche Biathletin. In der DDR verweigerte sie das Dopingprogramm und wurde aus dem Leistungssport ausgeschlossen. Nach der Wende legte sie ein Comeback hin und gewann mehrere Medaillen bei den Olympischen Spielen. Heute lebt sie mit ihrer Familie in Amerika.
Antje Harvey wurde am 10. Mai 1967 in Magdeburg geboren.[240] Sie wuchs im thüringischen Oberhof auf, wo ihre Eltern Ilse und Henrich Misersky, beide erfolgreiche Leistungssportler, Harvey schon früh Ski-Langlauf beibrachten.[241] Im Alter von 12 Jahren spezialisierte sie sich schließlich auf diese Disziplin, weil sie zuvor nebenbei noch Läuferin und Turnerin war. Im Ski-Langlauf sah Harvey am meisten Potenzial. Nachdem ihre 3 Jahre ältere Schwester auf die Kinder- und Jugendsportschule ging, wurde das zu ihrem Vorbild. Unter der Voraussetzung einer unnötigen Operation an ihrem linken Unterschenkelknochen, auf Grund eines Vakuums, wechselte sie im Alter von 14 Jahren ebenfalls auf die KJS, die sie als sehr „militärisch und strikt" beschreibt, und lebte auch in der Internatsschule.[242] Sie war Athletin des Sportclub Motor Zella-Mehlis. „Wir hatten im Winter jedes Wochenende Wettkämpfe und ich habe überall mitgemacht, wo ich konnte."[243] Mit 16 Jahren gewann sie die 20 Kilometer Langlaufdistanz bei den DDR-Meisterschaften und mit 17 Jahren gewann sie die 5 Kilometer Strecke, aber sie konnte auch schon internationale Erfolge erzielen. Im selben Jahr holte sie Bronze mit ihrer damaligen Staffel bei den Juniorenweltmeister-schaften.[244]
Im Herbst 1985 in einem Trainingslager in Schweden mit der Nationalmannschaft sei Harvey das erste Mal mit den blauen Pillen konfrontiert worden. Der Nationaltrainer sei täglich nach dem Abendessen auf die Zimmer der Berghütten gekommen und habe die Tabletten verabreicht. „Ich habe ein paar von den Tabletten aus Angst geschluckt.",[245] die anderen habe sie insgeheim wieder ausgespuckt. Henrich Misersky war zur damaligen Zeit der Klubtrainer von Harvey. Als dieser von den Dopingplänen erfuhr, habe er seine Sportler aufgeklärt und auf Nebenwirkungen hingewiesen.[246] Antje Harveys Tante, Onkel und Großmutter waren Ärzte und wussten über die leistungssteigernden bunten Pillen Bescheid und warnten Harvey.[247] Kurz nach der Verweigerung sich in das Skilanglauf-Verbandsprogramm einzuschwören, wurde dem Langlauftrainer Misersky, nach offizieller Version, aufgrund von „trainingsmethodischer Differenzen" fristlos gekündigt und es habe die Aufforderung gegeben seine Person den Medien fernzuhalten.[248] Harvey beendete im selben Jahr ihre Spitzensportkarriere.[249] „Mein Ausstieg hat nichts mit der Entlassung meines Vaters zu tun gehabt."[250] „Ich bin von meinem Sportklub und der Parteiführung konfrontiert worden. Die haben mich in ein Haufen Meetings gezerrt, mich befragt und mich versucht zu intimidieren."[251] Heute sagt sie, es sei eine weitreichende, aber einfache Entscheidung gewesen. Sie habe mit sich im reinen leben, ihre Gesundheit und die ihrer zukünftigen Kinder nicht gefährden und nicht schummeln wollen.[252] 1985 wurde sie auf eine schwarze Liste gesetzt, was für sie einen Ausschluss jeglicher Wettbewerbe, mit Ausnahme von Volksläufen, und eine Zensur in den Medien mit sich brachte. Antjes Schwester Heike, ebenfalls eine ehemalige Athletin, sei von der Stasi aufgefordert worden, ihre Familie zu bespitzeln, weigerte sich jedoch ebenfalls und die Familie positionierte sich geschlossen gegen die Methoden der DDR. „Mein Weg wäre nicht ohne die ethischen Grundsätze möglich gewesen, die mir von meiner Familie vermittelt wurde."[253], äußerte Harvey auf einer Preisverleihung im Jahre 2005.
Die freigewordenen zeitlichen Kapazitäten investierte Harvey in ein Sport- und Pädagogik-Studium an der Pädagogischen Hochschule in Potsdam,[254] nachdem sie für ein Lehramtstudium in Jena für Sport und Biologie abgelehnt wurde. „Ich habe

---

[239] vgl. Kauer-Berk, 2015
[240] ebd.
[241] vgl. „Für Antje Harvey zählt nur noch die Familie" in Rheinische Post, 2001
[242] vgl. Eigenes Interview mit Antje Harvey am 17.2.2021
[243] ebd.
[244] vgl. Bachner, 2009
[245] Eigenes Interview mit Antje Harvey am 17.2.2021
[246] vgl. Bachner, 2009
[247] vgl. Eigenes Interview mit Antje Harvey am 17.2.2021
[248] vgl. Ketterer, 2005
[249] vgl. „Biathletin Antje Harvey-Misersky erhält Anti-Doping-Preis" von Doping-Opfer-Hilfe e.V., (o. D.)
[250] Eigenes Interview mit Antje Harvey am 17.2.2021
[251] ebd.
[252] vgl. Kauer-Berk, 2015
[253] Purschke, 2014
[254] ebd.

noch an einigen Volksläufen teilgenommen, aber die ganzen Ergebnisse sind verschwiegen worden, obwohl ich sehr gut war."[255] Dem Studium ging sie drei Jahre nach, bis ihr 1989 eine Chance beim DDR-Armeesportklub Oberhof gegeben wurde, in den Frauen-Biathlonsport, der als frische Olympiadisziplin hinzukam, einzusteigen. Es wurde hierzu eine Trainingsgruppe gegründet, mit dem Ziel Medaillen bei den Olympischen Spielen 1992 zu gewinnen und aufgrund eines Sportlerdefizites sei Harvey angesprochen worden. Sie sei sich zunächst unschlüssig gewesen, speziell da sie deswegen auch für vier Monate, aus rechtlichen Gründen, der Volksarmee beitreten musste, willigte dann aber einem Versuch ein, nachdem ihr Vater sie dazu ermutigt haben soll. Außerdem soll sie Angst davor gehabt haben, ein monotones DDR-Leben zu führen.[256]
Dazu sollte es aber aufgrund des Mauerfalls nicht kommen. Den 9. November verbrachte Antje Harvey im Trainingslager auf der Halbinsel Kola in Russland und bekam im Fernsehen mit, wie Menschen die Mauer überwunden. Zunächst habe sie vermutet, dies seien Fußball-Hooligans.[257] Bis zu ihrem Karriereende 1995 wurde sie anschließend von der Deutschen Sporthilfe gefördert.[258] 1992 bei den Olympische Spielen im französischen Albertville legte Antje Harvey ein erstaunliches Comeback hin. Sie gewann Gold über die 15 Kilometer-Distanz und Silber über die 7,5 Kilometer-Strecke und in der Staffel.[259] Bei der Abschlusszeremonie in Albertville war Harvey Fahnenträgerin und repräsentierte das geeinte Deutschland. In einem Interview nach ihrem Medaillenerfolg kritisierte sie gemeinsam mit ihrem Vater den Deutschen Skiverband, der, nach der Wende, mit der Stasi kooperierende Verantwortliche übernommen habe. Daraufhin habe sie viele positive Rezensionen erhalten, aber auch negative, darunter drei Morddrohungen.[260] 1992 lernte sie den amerikanischen Biathleten Ian Harvey kennen, den sie im Frühjahr 1993 heiratete[261] und mit dem sie drei Jahren später in die Staaten zog.[262] Bei den Olympischen Winterspielen 1994 in Norwegen konnte sie mit Ihrer Staffel erneut Silber holen.[263]
Ein Jahr später konnte sie in Antholz bei der Weltmeisterschaft mit ihrer Staffel Gold gewinnen und beendete daraufhin endgültig ihre sportliche Karriere, als sie erfuhr, dass sie schwanger war.[264] In einem Interview 2001 erzählte sie: „Ich bin eine glückliche Mutter. Sobald ich Mutter wurde, hatte ich im Sport nichts mehr zu suchen.".[265] 2000 bekam Harvey die US-Staatsbürgerschaft und lebt heute mit ihrem Mann und zwei Kindern in Heber City im Bundesstaat Utah mit Ausblick auf die Rocky Mountains.[266]
Im Juli 2005 erhielt sie die nach der DDR-Athletin Heidi Krieger benannte Medaille für „engagiertes Wirken gegen Doping", mit der auch ihr Vater geehrt werden sollte.[267] Dieser konnte nach dem Mauerfall nicht mehr richtig Fuß fassen.[268] 2012 wurde Antje Harvey gemeinsam mit ihrem Vater Henrich Misersky in die deutsche Hall of Fame des Sports unter der Kategorie „Besondere Biografie im Kampf gegen Doping" aufgenommen.[269] Heute haben Vater und Tochter keinen Kontakt mehr.
Harvey hat sich von der Sportlerphase in ihrem Leben distanziert. Sie bezeichnet diesen Abschnitt einerseits als schönen Abschnitt ihres Lebens,[270] aber andererseits ist sie froh, zeitlich sowie räumlich weit entfernt von ihm zu sein.[271] „Man muss vergeben können. Die Lebenssituation für Ostdeutsche war schon echt schwer und man kann Leute deswegen nur sehr begrenzt vernichtend, bis auf einige Ausnahmen, verurteilen, für was sie gemacht haben."[272] Ian und Antje Harvey verfolgen heute noch online den Biathlon-Sport und sind als begeisterte Fans live dabei.[273] Harvey unterstützt ihren Mann, der für eine Skiwachsfirma arbeitet, bei der Büroarbeit. „Das ist jetzt ein ganz anderes Leben, voller Erfüllung und Zufriedenheit."[274], beschreibt die zweifache Mutter ihr heutiges Leben.[275]

[255] Eigenes Interview mit Antje Harvey am 17.2.2021
[256] vgl. Eigenes Interview mit Antje Harvey am 17.2.2021
[257] vgl. Eigenes Interview mit Antje Harvey am 17.2.2021
[258] vgl. Kauer-Berk, 2015
[259] vgl. Purschke, 2014
[260] vgl. „Für Antje Harvey zählt nur noch die Familie" in Rheinische Post, 2001
[261] vgl. Purschke, 2014
[262] vgl. Franke, 2009
[263] vgl. Purschke, 2014
[264] vgl. Franke, 2009
[265] „Für Antje Harvey zählt nur noch die Familie" in Rheinische Post, 2001
[266] vgl. Purschke, 2014
[267] vgl. „Biathletin Antje Harvey-Misersky erhält Anti-Doping-Preis" von Doping-Opfer-Hilfe e.V., (o. D.)
[268] vgl. Ketterer, 2005
[269] vgl. Kauer-Berk, 2015
[270] vgl. Purschke, 2014
[271] vgl. Harvey, 1999
[272] Eigenes Interview mit Antje Harvey am 17.2.2021
[273] vgl. Kauer-Berk, 2015
[274] Purschke, 2014
[275] Eigenes Interview mit Antje Harvey am 17.2.2021

6. Auswirkungen auf den Sport

*„Der Sport wurde überproportional staatlich finanziell geför-
dert, er war ideologisch hoch aufgeladen als Instrument der
Demonstration der Überlegenheit des Sozialismus."*

Dr. Jutta Braun
Sporthistorikerin

6.1 Sport als sozialistisches Kulturgut: „Jedermann an jedem Ort - einmal in der Woche Sport"

Später abgeändert zu „mehrmals in der Woche Sport"[276] beschreibt die in der DDR nach Walter Ulbricht geltende Devise zur Stellung des Sports innerhalb der Gesellschaft. Der Breitensport selbst war durch drei Punkte tiefergehend definiert, zuerst als prophylaktische und rehabilitierende Freizeitgestaltung, zweitens als Instrument zur Leistungssteigerung im Beruf und zuletzt bildete der Breitensport das Fundament für den in der DDR enorm geförderten Leistungssport.[277] Somit erfüllte der Breitensport eine außerordentlich wichtige Rolle innerhalb der Gesellschaft, denn unbeabsichtigt eröffnete sich durch die breitensportartige Massenbewegung die Option, Individualisierung im Sport zu erfahren, von teilweise subkultureller Auslebung, bis hin zur Gestaltung einer subsidiären Sportkultur.[278] „Die Menschheit braucht Sport psychisch sowie physisch und das war eine gesellschaftliche Prägung in der DDR. Der Sport war ganz oben angesiedelt [...]"[279], erklärte ehemalige DDR-Leistungssportlerin Rica Reinisch. Fremdbild-relevanter, insbesondere auf politischer Ebene war jedoch der Leistungssport. Der Leistungssport hatte nichts mehr mit den zuoberst genannten, ersten beiden Punkten, zu tun. Im Gegenteil, er wirkte sich, im Speziellen auf die Gesundheit der Sportler konträr aus, denn aus der in der DDR präsenten darwinistischen Haltung zum Leistungssport resultierte ebenfalls, dass die Gesundheit eine inferiore Stellung gegenüber den erbrachten sportlichen Leistungen einnahm.[280] Das ist damit zu begründen, dass Leistungssport nicht mehr als reine Freizeitgestaltung und Gesundheitspflege des eigenen Körpers, sondern als außenpolitisches Mittel verwendet wurde, um die vermeintliche Überlegenheit der sozialistischen Staaten gegenüber den „imperialistischen" Westmächten zu zeigen. Durch den 1962 erlassenen Leistungssportbeschluss wurde der Sport rationalisierend in 2 Kategorien eingeteilt; „Sport I" – Bereich und „Sport II" – Bereich. Je nach Aussichten auf Erfolge und nach einem Kosten-Nutzen-Kalkül wurden Sportarten klassifiziert. Sportarten des Bereiches „Sport I" erfreuten sich somit hoher Fördergelder, während Sportarten der zweiten Klasse nur wenig gefördert wurden.[281] Somit war es möglich, staatliche, finanzielle Mittel so einzusetzen, dass der größte politische Nutzen erzielt werden konnte. So wurden die Sportdisziplinen Leichtathletik, Schwimmen, Kunstturnen, Rudern, Volleyball und Radsport in besonderem Maße gefördert.[282] Diese Ungleichverteilung innerhalb des Leistungssportes ist beispielsweise anhand der Medaillenverteilung der verschiedenen Sportarten bei den Spielen der XXIV. Olympiade zu erkennen. Eine solche Art der Verteilung finanzieller Mittel je nach Nutzen ist ebenfalls gut an den Investitionen und Infrastrukturen des Leistungs- und Breitensports aufzuzeigen, im Jahre 1977 existierten somit in der DDR nur 161 öffentlich zugängliche Hallenbäder, jedoch insgesamt 688 solcher oder ähnlicher Anlagen für den Leistungssport.[283] Schließlich wurde dem Sport in der Verfassung der DDR vom 06.04.1968 durch neue Bestimmungen eine elementare Stellung als Teil des sozialistischen Gedanken- und Kulturguts, zur Förderung der geistlichen und körperlichen Entwicklung der Bürger zugesprochen.[284] Dies geht ebenfalls deutlich aus internen Dokumenten hervor, beispielsweise aus einem Dankschreiben Erich Mielkes an alle Bereiche für die Aktion „Flamme", hervor: „Durch ihr Auftreten und ihre Erfolge wiesen sie überzeugend nach, daß die Errungenschaften von Körperkultur und Sport Bestandteil der freien Entwicklung und Entfaltung der menschlichen Persönlichkeit und damit Ausdruck der Überlegenheit der sozialistischen Gesellschaftsordnung sind."[285].

---

[276] vgl. „Es lebe der Sport!" von Zeitklicks, (o. D.)
[277] vgl. Ehrich, 1981, S. 12
[278] vgl. Hinsching, 1998, S. 14
[279] Eigenes Interview mit Rica Reinisch am 20.2.2021
[280] vgl. Richter, 2000, S. A2014-A2015
[281] vgl. Hurrelbrink, 2016, S. 11
[282] vgl. „Gold für die DDR-Athleten aus dem Labor" von Outdoor, 2018, min. 09:15-09:31
[283] vgl. Hoffmann, 2003, S. 24,
[284] vgl. **Hurrelbrink, 2016, S. 11**
[285] BStU, MfS, BdL/Dok, Nr. 1470, Bl. 1-2

Abb. 11: Auszug aus den Stasi Akten mit einer tabellarischen Auswertung der Medaillen

Anlage

Anteil der Sportverbände am Gesamtergebnis

Sportarten	Medaillen			Plätze			Punkte	Platz in der Länderwertung
	Gold	Silber	Bronze	4.	5.	6.		
Leichtathletik	6	11	10	6	2	5	164,0	3.
Turnen	1	3	4	2	1	1	45,5	3.
Schwimmen	11	8	9	2	3	2	166,5	1.
Wasserspringen	-	-	-	-	1	-	2,0	6.
Radsport	3	2	1	-	-	1	36,0	2.
Rudern	8	1	1	1	2	-	72,0	1.
Kanu	3	4	2	-	2	-	53,0	1.
Segeln	1	-	-	-	-	-	7,0	10.
Boxen	2	1	-	-	2	-	20,5	4.
Ringen	-	-	1	1	-	-	7,0	14.
Fechten	-	1	-	1	1	-	10,0	6.
Judo	-	2	1	-	-	-	13,5	6.
Gewichtheben	1	1	1	1	-	-	19,0	4.
Sportschießen	1	1	-	1	2	1	20,0	2.
Handball/Männer	-	-	-	-	-	-	-	7.
Volleyball/Frauen	-	-	-	-	1	-	2,0	5.

Resultierend daraus erwuchs auch die Systematik der absoluten Förderungen des Leistungssportes innerhalb der DDR. Jedes Mittel zur Steigerung von sportlichen Höchstleistungen war somit, von der Staatsspitze aus, legitimiert. Die außerordentlichen sportlichen Leistungen wurden im Verlauf der Zeit bezeichnend für die DDR, so schien es, dass die DDR auf dem Gebiet des Sportes unschlagbar sein wollte.[286] „Durch den Sport sollte etwas erreicht werden, was man vielleicht heute als Nation-Branding bezeichnen könnte: Auf den Wettkämpfen konnten dann z.B. die Flagge gehisst und die Nationalhymne gespielt werden."[287], wie der Sporthistoriker des Zentrums Deutscher Sportgeschichte, René Wiese, uns in einem Interview mitteilte. Die Umsetzung der dazu nötigen Mittel wurde durch das sozialistische Staatssystem und der planwirtschaftlichen Organisation begünstigt, da ökonomische Mittel ohne Probleme von Staatsseite aus aufgewendet werden konnten, sodass ein System der Sportförderung entwickelt wurde, das annähernd perfekt war.[288] Bereits im Kindergarten fanden somit staatliche leistungssportliche Sichtungen statt, um etwaiges Talent so früh wie möglich zu entdecken und zu fördern. Durch Einsatz von ausgereiften wissenschaftlichen Programmen war es somit möglich, die Kinder anhand ihrer jeweiligen Parameter zu bewerten und somit eventuelle sportliche Eignungen zu überprüfen.[289] Über die hohe Stellung des Sports innerhalb der Bevölkerung herrschte ebenfalls ein Konsens, der Sport selbst war für die Bürger jedoch besonders interessant, da er bei erbrachten Leistungen mit Ansehen und verlockenden Privilegien winkte; materielle Vorzüge und Reisen ins westliche Ausland waren besonders begehrt.[290] "Du bekommst hier Auslandsfahrten, ins kapitalistische Ausland, bin mit 15 in Italien gewesen, also war Wahnsinn, für mich nach Italien zu reisen, war für einen anderen Normalbürger, DDR-Bürger, nicht möglich."[291], so Katharina Bullin ehemalige DDR-Leistungssportlerin, Olympisches Silber Volleyball, 1980, in einem Interview. Mit Hilfe des Sportes war es möglich, im ansonsten sozialistisch gestrickten System eigene Individualisierung und Größe zu erfahren, so sagte uns ehemalige DDR-Leistungssportlerin und Dopingopfer Antje Harvey: „Es gab wenig Möglichkeiten etwas aus sich zu machen. Entweder wirst du ein guter Künstler oder Musiker oder du wirst ein guter Sportler und dann hast du vielleicht die Chance ein bisschen was von der Welt zu sehen."[292] Dementsprechend war der Anteil der sich sportlich betätigenden DDR-Bürger groß; „Im Jahr 1988 gab es z.B. 10.674 Sportgemeinschaften mit fast 3,8 Millionen Aktiven, 159.006 Schieds- und Kampfrichter und 264.689 Übungsleiter."[293] Bei einer Einwohnerzahl von circa 16,675 Mio. im Jahre 1988[294] entsprach dies etwa 22,78% der Bevölkerung. Als visuelles Beispiel sind hierzu die Paraden von Sportereignissen anzuführen, die perfekt inszeniert oben genanntes widerspiegeln sollten.

---

[286] vgl. „Gold für die DDR-Athleten aus dem Labor" von Outdoor, 2018, min. 02:23-02:31
[287] Eigenes Interview mit René Wiese am 22.01.2021
[288] vgl. „Die Bedeutung des Sports in der DDR" von MDR, 2020
[289] vgl. „Kinder- und Jugendsport" von MDR, 2010
[290] ebd.
[291] „Gold für die DDR-Athleten aus dem Labor" von Outdoor, 2018, min. 04:27-04:38
[292] Eigenes Interview mit Antje Harvey am 17.02.2021
[293] „Sport in der DDR" von DDR-Museum Mühltroff, (o. D.)
[294] ebd.

Abb. 12: Bilder-Serie aus den Stasi-Akten zur Eröffnung des VIII. Turn- und Sportfestes in Leipzig 1987

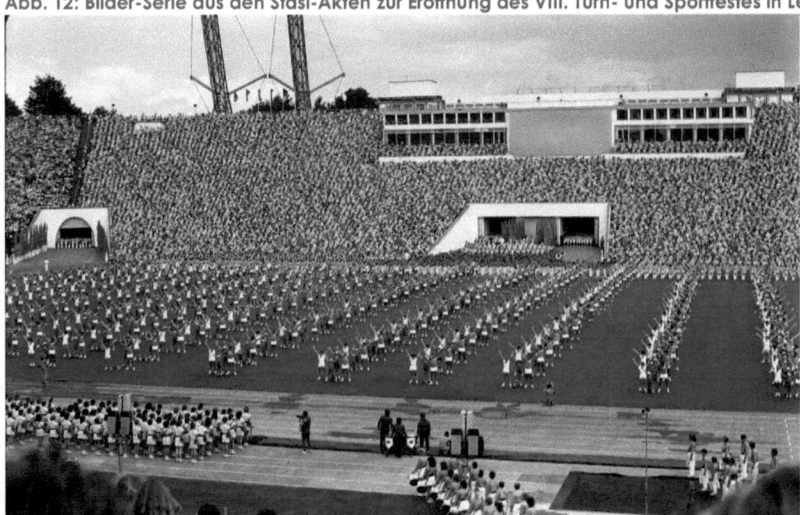

6.2 Auswirkungen auf Wettkampfergebnisse – Erfolge nur durch Doping?

Die staatliche Förderung des Sportes gipfelte in der DDR schließlich mit Veranlassung des Staatsplan 14.25 im Jahre 1974, durch welchen das systematische Doping von etwa 15.000 Kaderathleten[295] mit Hilfe pharmakologischer Mittel, wie beispielsweise dem Anabolikum Oral-Turinabol, angeordnet wurde.[296] Diese systematische Verwendung von anabolen und androgenen Stoffen angeordnet von Staatsseite aus, war nur durch die enge Zusammenarbeit der Massensportverbände, wie z.B. dem DTSB, zusammen mit der regierenden SED möglich. Je nach den sportdidaktischen Anforderungen der verschiedenen Sportarten, ist der durch das Doping mithilfe von Anabolika gewonnene Vorteile variabel. Grundlegend lässt sich sagen, dass durch die androgene und muskelaufbauende Wirkung, Kraft- und Ausdauersport zu den profitabelsten Gebieten gehören.[297] Als Musterbeispiel der Sportarten, in denen ein solcher Vorteil aufgrund des simpleren biomechanischen Leistungsprofil maßgebend ist, sind Schwimmen und Leichtathletik.[298] Das Schwimmen wurde schließlich auch zu einer jener Kategorien, die, insbesondere im Subgebiet der Frauen, durch die DDR dominiert wurden in Hinsicht auf gewonnene Goldmedaillen, denn dort wurde Doping dokumentiert, bereits im extrem jungen Alter erzwungen; so wurden alle DDR-Nationalmannschaftsschwimmerinnen bereits mit 14 Jahren unter Anabolika gesetzt.[299] Teilweise beim Schwimmen sogar schon im Kindesalter von sieben bis acht Jahren.[300] Das ausgefeilte Sportförderungsprogramm der DDR, ermöglichte bereits bei den Olympischen Spielen 1972 eine Drittplatzierung im Medaillenspiegel mit 20 gewonnenen Goldmedaillen.[301] Eine solche Leistung wurde von DDR-Seite aus als enorm positiv und politischer Sieg gewertet, wie aus Dokumenten hervorgeht. So schreibt Erich Mielke in einem Dankesschreiben der Aktion „Flamme": „Ihre Erfolge – der dritte Platz in der Medaillen- und inoffiziellen Länderwertung – wiegen umso schwerer, da sie auf dem Territorium des westdeutschen Imperialismus, im Revanchisten- und Subversionszentrum München, aber auch vor den Augen Hunderttausender Zuschauer aus Westdeutschland und vielen anderen Ländern sowie vor einem Millionen zählenden Fernsehpublikum der ganzen Welt errungen wurden."[302] Mit dem Start des zentralisierten Einsatzes von Dopingmitteln durch den Staatsplan 14.25 steigerten sich schließlich auch die Leistungen der DDR-Sportler, was sich bei den olympischen Spielen 1976 in Montreal widerspiegelte; mit 40 gewonnenen Goldmedaillen gelang es der DDR sogar, die Vereinigten Staaten von Amerika (34 gewonnene Goldmedaillen) zu übertrumpfen, während die ehemalige UdSSR sogar 49-mal Gold gewann.[303]

---

[295] vgl. Geipel, 2017
[296] vgl. Dreher & Kuss, 2020
[297] vgl. Richter, 2019
[298] vgl. von Prittwitz, (o. D.)
[299] vgl. Dreher & Kuss, 2020
[300] Eigenes Interview mit Sabine Werner am 19.02.2021
[301] „Medaillenspiegel München 1972" von Olympia-Lexikon
[302] BStU, MfS, BdL/Dok, Nr. 1470, Bl., 1-2
[303] „Medaillenspiegel Montreal 1976" von Olympia-Lexikon

Abb. 13: Der Medaillenspiegel (Gesamtzahl) von BRD und DDR im Vergleich

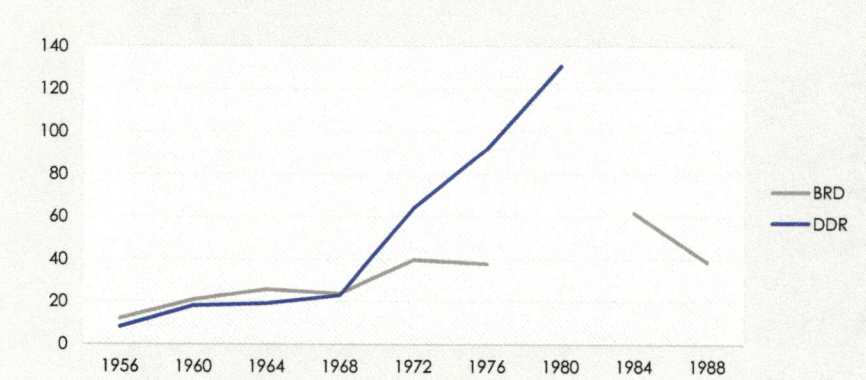

Am Beispiel der Kugelstoßerin Margitta Gummel lässt sich ebenfalls die entfaltete Wirkung der Anabolika aufzeigen, so gelang es ihr, bei den Olympischen Spielen 1968 mit 19,61 m einen neuen Weltrekord im Kugelstoßen der Frauen aufzustellen[304], in den folgenden vier Jahren hingegen verbesserte sich ihre Leistung sogar um zusätzliche 2,5 Meter[305], unter dem Einsatz von Dopingmitteln.[306]

Auch im Zeitverlauf ist eine immense Steigerung gewonnener Olympia-Medaillen der DDR zu erkennen, während sich BRD und DDR bis circa 1968 auf einem ähnlichen Durchschnittsniveau bewegten, so ist ein rasanter Anstieg in den Folgejahren zu beobachten. Somit ist auf jeden Fall eine Korrelation zwischen dem zentralisierten Einsatz von Unterstützenden Mitteln, alias leistungssteigernden Substanzen, unter anderem Dopingmitteln, und den jeweils erreichten Platzierungen zu erkennen, ob es sich hierbei jedoch sogar um einen kausalen Zusammenhang handelt, bedarf näherer Beleuchtung.

Die einzige eindeutige Antwort, die sich aufstellen lässt, ist, dass die sportlichen Erfolge der DDR keineswegs nur Produkt von exzessiven Doping-Praktiken waren, jedoch auch nicht ohne Einfluss auf erbrachte Leistungen verliefen. „Und auch heute kann man sagen, Doping macht 5% aus, mehr nicht. Sie brauchen gar nicht anfangen eine Pille einzuwerfen, dann rennen Sie trotzdem keinem weg. Es muss ganz knallhart trainiert werden, immer über die Grenzen."[307] Somit ist weder das eine noch das andere der beiden Extrema als valide zu betrachten. Bekräftigend dazu ist ein Interview der Welt- und Europameisterschafts-Gewinnerin und heute promovierten Neurobiologin, Antje Buschschulte, anzuführen, in dem sie preisgibt, dass „[…] der Westen nie gesehen hat und auch nach der Wende nicht sehen wollte […], dass dieses System nicht nur wegen des Dopings erfolgreich war."[308], was besonders auf Grund von Buschschultes biografischen Werdegangs bemerkenswert ist, als Bürgerin der Bundesrepublik Deutschland geboren, entschied sie sich später in Magdeburg, also im Osten, nach der Wende, das Schwimmen zu verbessern. Insbesondere die Mentalität in Bezug auf Disziplin und Respekt sei im Osten ein andere, strikter gewesen,[309] was spekulativ auch einen Einfluss auf die sportlichen Erfolge der DDR ausübte. Abschließend ist also klar, dass das Doping keineswegs alleinig ausschlaggebend für den sportlichen Erfolg war, zu großen Teilen war es ein nahezu nicht verbesserbares, leistungsorientiertes System, „Der gesamte Sport in der DDR war hervorragend aufgestellt, aber die staatliche Anordnung der Vergabe von Steroiden ist verwerflich."[310]

6.3 Veränderung der öffentlichen Position zum Doping

Trotz bereits existierenden Dopingtests gelang es nicht der DDR durch positive Befunde direkt den Einsatz von Dopingmittel bei internationalen Wettkämpfen nachzuweisen. Der einzige positive Test, der publik wurde, war der der Kugelstoßerin Ilona Slupianek beim Weltcup 1977 in Helsinki. Jedoch wurde ihr Doping geleugnet, nach kurzem wurde ihre Sperre aufgehoben und sie wurde 1980 schließlich Olympiasiegerin.[311] Hierdurch wird erneut klar, wie unglaublich gut strukturiert und organisiert das Dopingsystem der DDR war, trotz jahrelangem Doping von Tausenden von Leistungssportlern, konnten dieses nur in einem einzigen Fall nachgewiesen werden, „Der positive Test von Ilona Slupianek war der einzige Fall, der wirklich an die DDR-

---

[304] IAAF Statistics Handbook, 2009 S. 647
[305] vgl. „Gold für die DDR-Athleten aus dem Labor" von Outdoor, 2018, min. 05:53-06:02
[306] ebd. min. 05:45-06:02
[307] Eigenes Interview mit Ariane Speckhahn am 18.02.2021
[308] Brandbeck, 2019
[309] ebd.
[310] Eigenes Interview mit Rica Reinisch am 20.02.2021
[311] vgl. Völker, 2001

Öffentlichkeit gelangte. Ansonsten konnte es immer gut abgeschirmt werden."[312], wie Sporthistoriker René Wiese beschrieb. Dies ist durch das nahezu perfekte zeitliche Management der Einnahme zu begründen, den Sportlern wurden bis auf 20 Tage vor den jeweiligen Wettkämpfen die Dopingmedikamente verabreicht wurden.[313] Somit gelang es der DDR jahrelang ihr Dopingprogramm unter dem Radar fortzuführen. Auch bei Aufkommen des positiven Befundes von Slupianek wurde von DDR-Seite, in diesem Fall durch die Nachrichtenagentur „Allgemeiner Deutscher Nachrichtendienst" (ADN), die durch ihre Monopolstellung und staatliche Unterordnung schließlich auch als Zensur Organ missbraucht wurde,[314] vehement bestritten und die augenscheinliche Ablehnungshaltung der DDR gegenüber Doping im Sport wurde bekräftigt.

Abb. 14: Auszug aus der Neue Zeit nach einem BILD-Bericht über Doping in der DDR

Ungerechtfertigte Beschuldigungen

Stellungnahme des DDR-Leichtathletikverbandes

Berlin (ADN). Der Europäische Leichtathletik-Verband (EAA) hat auf einer Tagung in Sevilla mehreren Athleten verschiedener Länder vorgeworfen, bei unterschiedlichen Anlässen Anabolika angewandt zu haben. Darunter befindet sich auch die Leichtathletin Ilona Slupianek. Die DDR-Leichtathletin hat den gegen sie erhobenen .Vorwurf entschieden zurückgewiesen.

Der verantwortliche Arzt der DDR-Leichtathletinnen, der sowohl bei der Dopingkontrolle in Helsinki als auch bei der Nachkontrolle in London anwesend war, stellte eindeutig fest, daß die 2. Probeflasche, die von der Dopingkontrolle in London vorgelegt wurde, nicht mit der in Helsinki zurückgelassenen identisch war.

Angesichts dessen ist erneut festzustellen, daß das gegenwärtige System der Doping- und Anabolikakontrollen nicht den Anforderungen entspricht.

Es ist bekannt, daß der Deutsche Verband für Leichtathletik der DDR schon immer dafür war, eine Kontrolle durchzuführen, die objektiv und fehlerfrei ist und die in allen Bereichen des Kontrollverfahrens von internationalen Gremien gewährleistet wird.

Entscheidungen, wie sie jetzt in Sevilla getroffen wurden, sind ungerechtfertigt und können das persönliche Ansehen der Sportler nur herabsetzen.

Erst nach der Bekanntwerdung des Dopings des Kanadiers Ben Johnson, der mit 9,79 Sekunden auf 100-Meter einen neuen Weltrekord hinlegte bei den olympischen Spielen 1988 in Seoul, dessen Leistung jedoch anschließend aufgrund von positiven Doping-Befunden aberkannt wurde[315], weswegen der Sport-Problematik zusätzliche Popularität zukam, vertrat die Sportleitung der DDR den Standpunkt, „[…] daß die DDR gegen jede Art von Doping im Sport ist und für ein weltweites Verbot eintrat."[316], jedoch nur zur Wahrung des Außenbildes, intern wird in demselben Dokument auf die kontinuierliche Nutzung pharmakologischer Mittel verwiesen: „Inoffiziell wird eingeschätzt, daß die Sportleitung der DDR zur weiteren Absicherung von Höchstleistungen auch weiterhin in bestimmten Umfang die Anwendung unterstützender pharmakologischer Mittel [Dopingmittel] durch die Sportmedizin fordert, jedoch im konkreten Fall angeblich nicht informiert war und den Unwissenden spielen will."[317] Somit hatten verschärfte Dopingtest etc. letztendlich keinen größeren Einfluss auf die Art und Weise der Nutzung „pharmakologischer Mittel" der DDR, zumal die Republik in kurzer Zeit, im Jahre 1990, ihrem Ende gegenüberstünde.[318]

Abb. 15: Auszug aus den Stasi-Akten über die öffentliche Meinung der DDR zum Doping

Der grundlegende Standpunkt der Sportleitung der DDR ist - wie auch in Kleinmachnow durch Genossen Eichler klar zum Ausdruck gebracht -, daß die DDR gegen jede Art von Doping im Sport ist und für ein weltweites Verbot eintritt.

---

[312] Eigenes Interview mit René Wiese am 22.01.2021
[313] vgl. Biron, 2016, S. 20-24
[314] vgl. Bluhm, 2016
[315] vgl. „Seoul 1988: Erster Dopingskandal und letztes DDR-Team" in Süddeutsche Zeitung, 2016
[316] BStU, MfS, HA XX, Nr. 546, Bl. 1-4
[317] ebd.
[318] vgl. Malycha, 2011

Abb. 16: Auszug aus den Stasi-Akten über die inoffiziellen Anweisungen zum Doping

```
In der nächsten Zeit finden weitere Beratungen
zwischen dem DTSB, dem Staatssekretariat, der Sport-
medizin und dem Forschungsinstitut für Körperkultur
und Sport statt, mit dem Ziel, die Sportleitung der
DDR zu einem klaren Standpunkt über die weitere Ver-
fahrensweise zu zwingen, bei gleichzeitiger Übernahme
der vollen Verantwortung.
Inoffiziell wird eingeschätzt, daß die Sportleitung
der DDR zur weiteren Absicherung von Höchstleistungen
auch weiterhin im bestimmten Umfang die Anwendung
unterstützender pharmakologischer Mittel durch die
Sportmedizin fordert, jedoch im konkreten Fall angeb-
lich darüber nicht informiert war und den Unwissenden
spielen will.
```

6.4 Folgen für Sportler und Trainer

Das aus der sport-darwinistischen Haltung der DDR erwachsende Denken von Leistung um jeden Preis, ist ebenfalls als kritischer Gesichtspunkt zu betrachten. In einem Interview, das wir mit Hajo Seppelt führten, ließ der Journalist verlauten, dass er besonders die in der DDR kollektiv verbreitete, eindimensionale Idee des Sports unter dem Aspekt der vollkommenen Leistungssteigerung, als seien die Menschen hinter den Sportlern nebensächlich und man spräche nur von Arbeit erfüllenden Maschinen, als falsch empfinde. Dies spiegelt sich auch in dem Umgang mit erfolglosen und leistungsschwachen Sportlern wider. War das geforderte Minimum nicht erfüllt, so wurde man „aussortiert", „Der Ostblock hat die Sportler nur benutzt. Wir waren absolute Nummern und es wurde rücksichtslos aussortiert. Es war mehr oder weniger survival of the fittest."[319] -Antje Harvey. Nun musste man sich vollkommen allein um den Sport, dem viele Unmengen ihrer jugendlichen und kindlichen Lebenszeit widmeten, kümmern.[320] Diese monotone Auslegung des Sportes in der DDR empfindet Herr Seppelt ebenfalls als nicht unbedingt positiv, besonders mit dem folgenden Zitat traf er im Interview mit uns ziemlich genau die damalige Sachlage: „[…] man kann sagen, es geht beim Sport immer ums Gewinnen, aber die Frage ist halt, sollte es immer ums Gewinnen um jeden Preis gehen? Und da glaube ich, dass solche Systeme und die Menschen, die in solchen Systemen wirken, dass die den Kulturbegriff Sport eben auch ein Stück weit zerstören."[321] Der Umgang mit den Trainern und Sportmedizinern nach Aufklärung ist ebenfalls ein wichtiger Aspekt, so wurden viele der Trainer und Sportmediziner, die für die Weitergabe und Einnahme der Dopingmedikamente zuständig waren, im Nachhinein zu Geldstrafen verurteilt, einige wenige zu Bewährungsstrafen.[322] Insbesondere der Schlüsselfigur Manfred Ewald, der durch seine getroffenen Entscheidungen und Anordnungen maßgeblich schätzungsweise an den Folgeschäden von 8.000-15.000, je nach Expertenschätzung,[323] DDR-Dopingopfern schuldig ist, bzw. Beihilfe leistete, wurde nach 22 Verhandlungstagen eine Bewährungsstrafe von 22 Monaten auferlegt, seinem Kollegen Manfred Höppner 18 Monate.[324] [325]Schuldig befunden für die heimliche Verabreichung von männlichen Hormonen – sogar an minderjährige Sportler und somit Beihilfe zur Körperverletzung, lautete das Urteil der Richter.[326] Insbesondere die Überführung von straffreien DDR Trainern in neue Sport-Strukturen eines geeinten Deutschlands führte Herr Seppelt an: „[…] es gab ja auch nach der Wende noch zahlreiche DDR-Trainer, die mit dem alten Denken in die neuen Strukturen hineinglitten, quasi, und manches altes Denken mitgenommen haben dürften, ob das automatisch Doping heißt, will ich jetzt mal dahingestellt sein lassen."[327]

Abschließend besteht kein Zweifel daran, dass der Sport in der DDR nicht mehr als Realisation der olympischen Ideale diente, sondern ebenso also ideologischer Teil des sozialistischen Gedankengutes, jedoch in Hinsicht auf den Leistungssport unter der Maxime, dass der Zweck die Mittel heiligte, somit wurde ohne zu zögern die Gesundheit der Sportler, ohne deren einvernehmliche Zustimmung[328], aufs Spiel gesetzt, um die überlegene Rolle des real existierenden Sozialismus, mit Sport als außenpolitischem Werkzeug, zu beweisen.[329]

Nach umfassender Aufklärungsarbeit des feinsäuberlich dokumentierten Dopings der DDR wurden schließlich auch viele Erfolge der, bestätigt gedopten, DDR Sportler, aberkannt, solange sie den jeweiligen Fristen entsprachen. So sind beispielsweise DDR-Olympiasieger berechtigt ihre Goldmedaillen zu behalten, da die Aberkennungsfrist von 8 Jahren ausgelaufen ist.[330] Bürokratisch gesehen bestehen die erbrachten Leistungen noch, sind jedoch konventionell verpönt und das Tragen der jeweiligen

---

[319] Eigenes Interview mit Antje Harvey am 17.02.2021
[320] vgl. „Kinder- und Jugendsport" von MDR, 2010
[321] Eigenes Interview mit Hajo Seppelt 12.01.2021
[322] vgl. „Die wichtigsten Urteile zum Doping im DDR-Sport" von Augsburger Allgemeine, 2020
[323] vgl. „Leistungssport in der DDR - War jeder Doper auch ein Dopingopfer?" von Deutschlandfunk Kultur, 2019
[324] vgl. „Die wichtigsten Urteile zum Doping im DDR-Sport" von Augsburger Allgemeine, 2020
[325] vgl. schriftliche Anfrage E-1966/00 der UEN vom 13.3.2001, S. 1-2
[326] ebd.
[327] Eigenes Interview mit Hajo Seppelt am 12.01.2021
[328] vgl. „Zwangsdoping in der DDR - Wenn ein Staat das Leben seiner Sportler auf Spiel setzt" von Deutschlandfunk Kultur, 2018
[329] vgl. Richter, 2000, S. A2014-A2015
[330] vgl. „Gedopte DDR-Olympiasieger: Rogge: Medaillen bleiben" von N-TV, 2012

Titel wird häufig nach moralischer Weise abgelehnt.[331] [332] Dies bringt die ehemaligen Leistungssportler ebenfalls in einen Zwiespalt; sollten sie das eigene Doping ehrlicherweise zugeben und riskieren Erfolge abgesprochen zu bekommen, oder weiterhin bestreiten, gedopt worden zu sein und ihre Titel behalten? Sicherlich ist es kein leichter Schritt, das eigene Lebenswerk öffentlich als null und nichtig zu deklarieren und ein schmerzhafter Prozess für die Sportler[333], weshalb viele DDR-Sportler auch später vehement das Doping abstritten,[334] so zum Beispiel Kristin Otto. „Diese Furcht lässt sich am Beispiel von Kristin Otto veranschaulichen. Obwohl durch Akten das Doping an ihr klar belegt wurde, stritt sie diese Vorwürfe immer ab. Ich vermute, dass ihre berufliche Karriere wahrscheinlich anders verlaufen wäre, hätte sie es zugegeben."[335], so René Wiese bei unserer Nachfrage der Verarbeitung des Dopings. Unglücklicherweise werden somit die meisten DDR-Sportler und deren Leistung durch das Doping stigmatisiert, ohne die ertragenen Strapazen, die Dedikation zum Sport und die bei Außerachtlassung des Dopings immer noch Weltklasse-Leistungen zu würdigen. So zum Beispiel Marita Koch, die bei Abzug des durch Doping erhaltenen Vorteil von circa 1,2 Sekunden bei einer 400-Meter-Läuferin, immer noch absolute Spitzenwerte vorzuzeigen hätte, wie ehemalige DDR-Leistungssportlerin und Schriftstellerin Ines Geipel in einem Interview der taz aufzeigt.[336]

6.5 DDR-Doping als Vorbild bis in die Gegenwart

Der eigentliche Beweggrund zum Doping, um sportliche Leistungen zu erhöhen, ist im Allgemeinen immer derselbe gewesen; eine Vorteilsstellung gegenüber der Konkurrenz. Jedoch ist, je nach Fall und historisch-gesellschaftlicher Lage, das Motiv dieses Beweggrundes zu präzisieren. Prinzipiell werden beim Doping 3 grundlegende Aspekte unterschieden, individuelle Motive, vermutete Dopinganwendung der Konkurrenz und Systemzwänge.[337]

Unter Individuellen Motiven wird ein Hauptmotiv, namentlich die Überwindung natürlicher Schranken, in Hinsicht auf kognitiver, emotionaler, sozialer und selbsterklärender Weise von Ausprägungen phänotypischer und körperlicher Art sowie eine Reihe weiterer subjektiver Motive, zusammengefasst. Zu diesen untergeordnet individuellen Motiven zählen z.B. ökonomisches Interesse, Abhängigkeit oder Erlangen gesellschaftlichen Status'.[338]

Vermutete Dopinganwendung der Konkurrenz als Dopingmotiv lässt sich dadurch erklären, dass scheinbar existierender Wettbewerbsnachteil ausgeglichen werden möchte, und dazu werden dieselben Mittel, wie die der Konkurrenz beansprucht.[339]

Zu Systemzwängen werden ebenjene Motive gezählt, die aus, wie der Begriff schon sagt, Zwängen aus den einer Person angehörenden Systemen entspringen. Vor allem sind hier heutzutage wirtschaftliche Abhängigkeit vom Sport und Sponsoren und Selektionsdruck auf Grund von begrenzten Förderplätzen zu nennen. Nicht zu vernachlässigen ist jedoch die politische Instrumentalisierung, damit der Sportler auf internationaler Ebene die Relevanz und Bedeutsamkeit des eigenen Staates demonstriert und repräsentiert.[340]

Hinsichtlich der in der DDR vorherrschenden Motive ist offensichtlich die politische Instrumentalisierung ausschlaggebend. Insbesondere aufgrund dessen, dass das Doping häufig unwissentlich oder nicht-einvernehmlich[341] geschah und somit individuelle Motive und vermutete Dopinganwendung der Konkurrenz (auf persönlich bezogener Ebene) wegfallen und der staatlich-politische Zwang praktisch der einzig relevante ist. So lässt sich im direkten Vergleich von DDR-Doping zu heute ein klarer Unterschied zwischen den jeweiligen Motiven erkennen: Es ist ein Verlauf von staatlichen begründeten Interessen hin zu weitaus vielfältigeren, häufig persönlichen Gründen zu verzeichnen. Dementsprechend ist die Organisationsstruktur des Dopings eine andere; damals direkt von staatlicher Seite aus, heutzutage hauptsächlich durch Einzelsportler und Gruppen.

Die Frage, ob das Dopingsystem der DDR als Vorbild für spätere, ähnliche Systeme, besonders in politisch verwandten Staaten diente, ist abermals nicht klar zu beantworten. Dies zeigt sich besonders dadurch, dass Dopingvorwürfe gegen Russland erhoben wurden, die schließlich zu einer Sperrung russischer Leichtathleten bei den olympischen Spielen 2016 in Rio de Janeiro führten.[342] [343] Dass es sich bei dem Doping Russlands direkt um ein zentralisiertes Dopingsystem handle, wäre eine steile These, offensichtlich ist zumindest Folgendes, „Russland wurde […] vielleicht nicht so strukturiert, preußisch, akribisch, akkurat gedopt, aber mit Sicherheit auch sehr weit verbreitet, vom Staat mitgestützt oder sagen wir von staatsnahen Institutionen […]"[344]. Somit scheint als abschließendes Fazit, dass das System der DDR in all seiner perfiden Perfektion und Akribie zwar kein direktes Vorbild gewesen ist, aber ebenfalls nicht einflusslos auf etwaige, affine Systeme wirkte.

---

[331] ebd.
[332] vgl. „Gültige DDR-Rekorde als Mahnmale für die Zukunft" von Saarbrücker Zeitung, 2017
[333] vgl. „Doping und Leistungsdruck im DDR-Sport - Schaden an Leib und Seele" von Deutschlandfunk Kultur, 2020
[334] vgl. Heess, 2005
[335] Eigenes Interview mit René Wiese am 22.01.2021
[336] vgl. Heess, 2005
[337] vgl. „Warum wird gedopt?" von NADA Austria, (o. D.)
[338] ebd.
[339] ebd.
[340] ebd.
[341] vgl. Drucksache 19/4147 des Bundestages, 2018, S. 1
[342] vgl. Hurrelbrink, 2016, S. 49-50
[343] vgl. Tilgner, 2017, S. 51-52
[344] Eigenes Interview mit Hajo Seppelt am 12.01.2021

7. Auswirkungen auf die Gesellschaft

„Der Mensch war in diesem System ein Bauer im Schach. Ein Mittel zum politischen Zweck."

Dopingopfer

7.1 Politische Motivation

Nach Ende des Zweiten Weltkriegs und der Zweiteilung Deutschlands wurden die beiden konkurrierenden Staaten aufgrund der unmittelbaren, topografischen Nähe zum direkten „Austragungsort" des Kalten Krieges. Es handelte sich nicht um einen Krieg mit territorialem Gewinn und finanziellem Mittel für die Sieger, der Gewinn war vielmehr die Hervorhebung des scheinbar besseren Systems, ein Kampf der Ideologien. Einerseits dem Kommunismus in Form des Sozialismus in der DDR und andererseits dem Kapitalismus in der BRD, von der DDR leidenschaftlich als Imperialismus bezeichnet.

Zwischen 1956 und 1964 konnten DDR-Sportler nur als Teil der gesamtdeutschen Mannschaft an den Olympischen Spielen teilnehmen, da die BRD als einzige frei von Deutschen gewählte Regierung beanspruchte, alle Deutschen zu vertreten.[345] Dennoch hatte das Nationale Olympische Komitee der DDR bereits 1968 einen Platz als vollwertiges Mitglied im Internationalen Olympischen Komitee erhalten[346]. Durch die ohnehin schon angespannte Lage mit dem Hintergrund des internationalen Wetteiferns der Ideologien bezeichneten die DDR ihre Athleten unter anderem als „Diplomaten im Trainingsanzug" und die Athleten der BRD dementsprechend als Repräsentanten des „imperialistischen Systems".[347] Die sportliche Rivalität zwischen DDR und BDR erreichte solche Ausmaße, dass im Prinzip keine Unterschiede mehr zur Klassen-Auseinandersetzung auf militärischer Ebene bestand. Die Pflicht des DDR-Sportlers bestand darin, den imperialistischen, politischen Gegner in dem BRD-Sportler zu sehen. Somit weitete sich der Schauplatz des Kalten Krieges auch auf die sportliche Ebene als Ausdruck von Macht und Überlegenheit der diametralen Staatssysteme aus.[348] [349]

„Diplomaten im Trainingsanzug" wurden die DDR-Sportler genannt, da es genau der ihnen zugeschriebenen Funktion als Mittel der Politik[350] entsprach, denn bekanntermaßen traten in der DDR mit der Zeit wirtschaftlich und gesellschaftlich mehr und mehr Probleme auf und von außerhalb sowie innerhalb des Landes wurde die Politik beziehungsweise das System stets kritisch betrachtet und stand unter einem gewissen Druck sich zu beweisen.[351] Dazu nutzte man unter anderem das Doping zur Steigerung der sportlichen Erfolge, welche der eigenen Bevölkerung und den kapitalistischen westlichen Nationen Überlegenheit des sozialistischen Systems suggerieren sollten. „Die DDR war dadurch quasi auf die politische Landkarte gehievt worden.", erklärte uns Sportjournalist und Dopingexperte Hajo Seppelt. So heißt es von Manfred Ewald auf der 5. Tagung des Bundesvorstandes "Zum Stand der Vorbereitung der Mannschaft der DDR auf die Olympischen Sommerspiele und zu Problemen des Nachwuchsleistungssports" zu den Aufgaben der DDR-Olympiamannschaft:

> „Es geht darum, dem staatsmonopolitischen System der BRD und seinen Repräsentanten, den Leistungssportlern der BRD, im eigenen Land eine Niederlage zu bereiten. Damit tragen wir zur Mehrung des internationalen Ansehens unseres sozialistischen Staates bei."[352]

---

[345] vgl. BStU, MfS, ZAIG, Nr. 26321, Bl. 139
[346] ebd.
[347] BStU, MfS, ZAIG, Nr. 26321, Bl. 139-152, S.1
[348] vgl. Hockerts, 2009, S. 9
[349] vgl. Schmidbauer, nach Hockerts, 2009, S. 9
[350] vgl. Eigenes Interview mit René Wiese am 22.02.2021
[351] vgl. Schwabe, 2012
[352] BStU, MfS, ZAIG, Nr. 26321, Bl. 140

Doch nicht nur zum internationalen Ansehen sollte die durch das Doping hervorgerufene Leistungssteigerung beitragen, sondern auch innerhalb der DDR erhoffte man durch erfolgreichen Leistungssport den immer größer werdenden Unruhen in der Bevölkerung entgegenzuwirken, ein Gemeinschaftsgefühl zu schaffen und den Patriotismus zu stärken.[353] Man sah in der Vermehrung sportlicher Erfolge die Möglichkeit, sich trotz der Regierungsform einer Diktatur Zustimmung in der Bevölkerung zu sichern, die Macht zu stabilisieren und im besten Fall die negativen Auswirkungen einer ökonomischen Krise auf die Bevölkerung durch den Zusammenhalt und die Freude über die Siege zu kompensieren.[354] Die Leistungssteigerung durch das staatlich organisierte Doping fand also zu großen Teilen politischen Nutzen in der Kontrolle der Bürger und einem höher angesehenen Außenbild, insbesondere auf internationaler Ebene des kleinen deutschen Staates, wodurch offensichtlich politische Motive die Hauptmotivationen hinter dem Staatsplanthema 14.25 waren.[355]

Abb. 17: Auszug aus den Stasi-Akten zu einem Referat über die Rolle der Olympischen Spiele

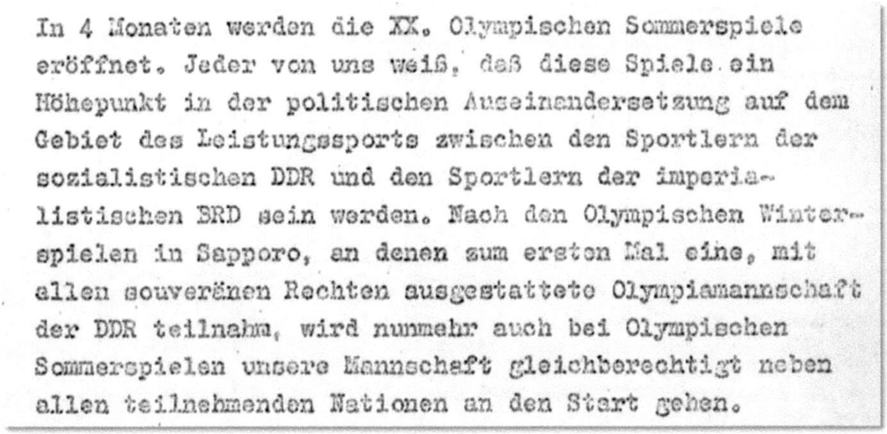

In 4 Monaten werden die XX. Olympischen Sommerspiele eröffnet. Jeder von uns weiß, daß diese Spiele ein Höhepunkt in der politischen Auseinandersetzung auf dem Gebiet des Leistungssports zwischen den Sportlern der sozialistischen DDR und den Sportlern der imperialistischen BRD sein werden. Nach den Olympischen Winterspielen in Sapporo, an denen zum ersten Mal eine, mit allen souveränen Rechten ausgestattete Olympiamannschaft der DDR teilnahm, wird nunmehr auch bei Olympischen Sommerspielen unsere Mannschaft gleichberechtigt neben allen teilnehmenden Nationen an den Start gehen.

Besonders im Fokus der damaligen DDR standen die Olympischen Sommerspiele 1972, nachdem sie im vorigen Winter 1971 bei den Olympischen Winterspielen den zweiten Platz belegt hatten,[356] und nun die Euphorie des Sieges zu noch größerer Leistung lockte.

Im Verlauf der Zeit, mit der Zuspitzung des Ost-West-Konflikts, wurde der Sport mehr und mehr Austragungsort politischer Machtspiele[357]. Ein neuer Höhepunkt der politischen Konflikte wurde schließlich 1972 erreicht: Es war das erste Mal, dass die DDR und BRD als eigenständige Mannschaften antraten und somit die erste Gelegenheit, sich bei der Sommerolympiade vor der ganzen Welt zu beweisen, insbesondere im Land des „Klassenfeindes", der BRD.[358] Letztere wiederum, wollte der DDR möglichst wenig Raum für einen öffentlichkeitswirksamen Auftritt lassen und sich selbst präsentieren.[359]

Aus Angst vor einem Dopingskandal, Fluchten von Athleten in die BRD und westlichem Denken, das durch die Spiele in die DDR gelangen könnte, war die Hauptabteilung XX (Staatsapparat, Kultur, Kirche, Untergrund) mit ihrer Abteilung 3 (Linie Sport) dafür zuständig, eben Genanntes zu unterbinden. Dafür wurden alle Athleten, Trainer und Journalisten im Vorfeld genauestens nach politischer Zuverlässigkeit ausgewählt und später überwacht.[360] Anreisen durfte nur, wer mit einem „hohen sozialistischen Bewusstsein" ausgestattet war und eine gewisse Verachtung gegenüber den westlich-kapitalistischen Systemen empfand.[361] Dadurch wollte man sicherstellen, dass die Bevölkerung der DDR weiterhin sportliche Erfolge bewundern konnte, ohne jedoch mit westlichem Gedankengut in Berührung zu kommen.

Abgesehen davon galt es jedoch als Ziel der Stasi bei den Spielen durch eine Erfolgsdemonstration der DDR-Athleten, eine „Festigung der Freundschaft mit der **Sowjetunion** und der sozialistischen Staatengemeinschaft"[362] zu erzielen.

---

[353] Pierdzioch & Christian & Klein, 2012, S.8
[354] ebd. S.9
[355] vgl. Linne, 2008, S. 3
[356] vgl. BStU, MfS, ZAIG, Nr. 26321, Bl. 150
[357] BStU, MfS, ZAIG, Nr. 26321, Bl. 142
[358] vgl. BStU, MfS, ZAIG, Nr. 26321, Bl. 140
[359] ebd.
[360] ebd.
[361] BStU, MfS, ZAIG, Nr. 26321, Bl. 139-152, Bl. 3
[362] ebd.

Abb. 18: Auszug aus den Stasi-Akten zum Stand der Vorbereitung der Mannschaft der DDR

Der Schwerpunkt für die Entwicklung des sozialistischen Bewußtseins unserer Olympiakader ist, daß sie die Grundfragen der Politik der Partei der Arbeiterklasse zur Stärkung unseres sozialistischen Staates und zur Festigung der Freundschaft mit der Sowjetunion und der sozialistischen Staatengemeinschaft verstehen und zu ihrer eigenen Sache machen.

7.2 Folgen für die damalige gesellschaftlichen Zustände

Im vorherigen Abschnitt wurde erläutert, welche Ziele von Seiten der Regierung durch das Doping verfolgt wurden. Doch inwiefern schaffte man es diese Ziele umzusetzen und welche weiteren Auswirkungen hatte das Doping letztendlich auf die Gesellschaft und Politik?

Zuerst wäre klarzustellen, dass das Doping in direkter Weise nur marginal eine Auswirkung auf die gesamte Gesellschaft der DDR hatte, denn wie bereits beim Aufbau des Dopingapparats erwähnt, gelang die Geheimhaltung annähernd perfekt, lediglich ein einziger Fall wurde publik.[363] Die durch das Doping hervorgerufene Leistungssteigerung hatte jedoch eindeutig eine Auswirkung auf die Gesellschaft, denn diese war von den sportlichen Erfolgen begeistert. Eine Studie von Thomas Fetzer belegt, dass die Einschaltquoten im Fernsehen der DDR direkt mit den Erfolgschancen/-bilanzen der Athleten korrelierten und dabei jegliche anderen beliebten Sendungen übertrafen.[364] Die Zahlen schossen vor allem von 1973 bis 1976, also unmittelbar nach dem Start das staatlich zentralisierten Dopings, so exorbitant in die Höhe und der Patriotismus war so präsent, dass man überlegte, die Berichterstattung sogar zu zügeln, da man befürchtete aus Patriotismus könnte sich Nationalismus entwickeln, der sich gegen die Sowjetunion richten würde.[365] Des Weiteren gaben bei einer Umfrage unter Jugendlichen von 1987 90% der Befragten an, ihnen sei eine führende Rolle der DDR im Sport wichtig.[366] Diese sportliche Prägung verschaffte der Gesellschaft, gepaart mit den sportlichen Erfolgen, ein Gemeinschaftsgefühl, das von der schwächelnden Wirtschaft und anderen Problemen in der DDR ablenkte und die Politik somit enorm unterstützte.[367]

Das Doping hatte insofern politische Auswirkungen, dass es, wie im Abschnitt der geplanten Auswirkungen auf die Gesellschaft beschrieben, dazu genutzt wurde, den Sport als Mittel der Politik zu instrumentalisieren. Die DDR begann sich politisch über den Sport zu profilieren und Konflikte mit der BRD über den Sport auszutragen.[368] Jedoch waren DDR und BRD damit nicht die einzigen Nationen, sondern man nutzte die Olympischen Spiele 1980 und 1984 durch gegenseitige Boykotte als Austragungsort des Kalten Krieges, heutzutage auch bekannt als „Kalter Krieg auf der Aschenbahn"[369], bei dem 1980 die USA und 41 weitere Staaten die olympischen Spiele in Moskau boykottierten,[370] woraufhin die Sowjetunion 15 weitere realsozialistische Staaten dazu drängte, die Spiele 1984 in Los Angeles zu boykottieren.[371] Das schmerzte vor allem die DDR, denn nach mehreren sehr erfolgreichen Olympischen Spielen plante man mit einem kleinem, aber extrem starken Kader aus 40 Athleten, im Land der kapitalistischen USA, die Spiele zu dominieren.[372] Durch den oktroyierten Boykott entstanden kleine Risse im Bündnis zwischen DDR und Sowjetunion. Fünf Jahre später barst der Ostblock.[373]

---

[363] vgl. Eigenes Interview mit René Wiese am 22.02.2021
[364] vgl. Fetzer, 2003, S. 180
[365] ebd. S. 290
[366] ebd. S. 291
[367] Pierdzioch & Christian & Klein, 2012
[368] vgl. BStU, MfS, ZAIG, Nr. 26321, Bl. 139
[369] vgl. Linne, 2008, S. 3
[370] vgl. Leissl, 2020
[371] ebd.
[372] vgl. Reinsch, 2009
[373] ebd.

7.3 Heutige Stellung und gegenwärtige sportpolitische Lage

Die Folgen des staatlichen Dopings in der DDR auf die heutige Politik und Gesellschaft lassen sich grundlegend in zwei Bereiche einteilen: Zuerst die direkten Folgen, also unmittelbare Auswirkung ausgelöst durch die Tat des Dopings und weiterhin die entsprechenden Folgeerscheinungen.

Die direkten Folgen sind eher gering und nehmen mit der Zeit auch immer mehr ab, denn sie betreffen eigentlich nur Trainer und Athleten: Für den größten Teil unserer Gesellschaft sind die Trainer hierbei interessanter, denn die wenigsten von ihnen wurden nach der Wiedervereinigung für ihre Taten zur Rechenschaft gezogen, wie uns die stellvertretende Vorsitzende des Dopingopferverbandes Ariane Speckhahn in einem Interview mitteilte: „Es gibt heute ja nach wie vor Trainer, die an der Bande stehen"[374], wobei sie aufgrund ihrer Tage in der DDR eine potenziell geringere Hemmschwelle besitzen, Doping zu tolerieren und/oder es sogar ihren Schülern vorzuschlagen.[375] Dies bezeichnete Ariane Speckhahn uns gegenüber als „unverantwortlich".[376]

Die direkten Folgen des Dopings für die Athleten sind natürlich die hohen gesundheitlichen Schäden sowie ernstzunehmende psychische Nachwirkungen.

Für die heutige Gesellschaft und Politik deutlich wichtiger sind jedoch die indirekten Folgen. Hierbei wären zuerst die Unmengen an Gerichtsprozessen zu nennen, die erste die strafrechtlichen Prozesse gegen Dopingtäter und zweite die Schmerzensgeldforderungen der Opfer beinhalten. Strafrechtlich verurteilt wurden trotz zahlreicher Klagen und Aussagen nur wenige Funktionäre, die größten Erfolge in dieser Hinsicht waren wohl die Verurteilungen von Manfred Ewald und Manfred Höppner. Sie wurden in ihren Rollen als Präsident des Sportverbandes der DDR bzw. stellvertretendem Direktor des Dienstes für Sportmedizin der DDR wegen Beihilfe zur Körperverletzung an 142 Sportlerinnen sowie wegen der Schaffung eines Systems für das „Produzieren von Champions in Serie"[377] angeklagt und für schuldig befunden.[378] Bezüglich des zweiten Punktes wurde erzwungenes oder unwissentliches Doping nach §1 Abs 2 Nr. 1 OEG als „vorsätzliche Beibringung von Gift"[379] eingestuft, womit dem Geschädigten nach dem Opferentschädigungsgesetz Versorgung zusteht.[380] Aufgrund der Vereinigung des NOK der BRD mit dem NOK der DDR wurde ebenjenes am 17.02.2003 vor dem OLG Frankfurt nach § 419 Abs 1 BGB vom 19.12.1998 und § 847 Abs 1 BGB vom 14.03.1990 zur Haftung für die des NOK der DDR verursachten Gesundheitsschäden verurteilt. Damit waren sie verpflichtet die Schmerzensgeldansprüche für Opfer des DDR Dopings zu zahlen.[381]

Abb. 19: Auszug aus dem Opferentschädigungsgesetz

Gesetz über die Entschädigung für Opfer von Gewalttaten

Opferentschädigungsgesetz

§ 1 Anspruch auf Versorgung

(1) ¹Wer im Geltungsbereich dieses Gesetzes oder auf einem deutschen Schiff oder Luftfahrzeug infolge eines vorsätzlichen, rechtswidrigen tätlichen Angriffs gegen seine oder eine andere Person oder durch dessen rechtmäßige Abwehr eine gesundheitliche Schädigung erlitten hat, erhält wegen der gesundheitlichen und wirtschaftlichen Folgen auf Antrag Versorgung in entsprechender Anwendung der Vorschriften des Bundesversorgungsgesetzes. ²Die Anwendung dieser Vorschrift wird nicht dadurch ausgeschlossen, daß der Angreifer in der irrtümlichen Annahme von Voraussetzungen eines Rechtfertigungsgrunds gehandelt hat.

(2) Einem tätlichen Angriff im Sinne des Absatzes 1 stehen gleich

1. die vorsätzliche Beibringung von Gift,

2. die wenigstens fahrlässige Herbeiführung einer Gefahr für Leib und Leben eines anderen durch ein mit gemeingefährlichen Mitteln begangenes Verbrechen.

---

[374] Eigenes Interview mit Ariane Speckhahn am 18.02.2021
[375] Eigenes Interview mit Hajo Seppelt am 12.01.2021
[376] Eigenes Interview mit Ariane Speckhahn am 18.02.2021
[377] Schriftliche Anfrage E-1966/00 der UEN vom 13.3.2001, S. 3
[378] ebd.
[379] vgl. § 1 OEG in der Fassung vom 15.4.2020
[380] ebd.
[381] vgl. OLG Frankfurt, Beschluss vom 17. Februar 2003 – 8 W 27/02

> **Vermögensübernahme: Haftung des Nationalen Olympischen Komitees für die durch die Dopingpraxis des DDR-NOK verursachten Gesundheitsschäden**
>
> **Orientierungssatz**
>
> Das Nationale Olympische Komitee haftet aufgrund der Vereinigung mit dem NOK der ehemaligen DDR und der damit verbundenen Übernahme des verbliebenen Restvermögens gem. § 419 Abs. 1 BGB a.F. für einen Schmerzensgeldanspruch ehemaliger Athleten aus dem leistungsorientierten Schwimmsport wegen der infolge der Dopingvergabe durch das DDR-NOK verursachten Gesundheitsschäden.

Die nächste indirekte Auswirkung auf die Gesellschaft ist jedoch nicht unbedingt eine negative, denn man lernt aus nichts besser als aus Fehlern und aus was könnte man besser lernen als aus einem so riesigen „Fehler", wie die DDR ihn begangen hat. Expertin Dr. Carina Sophie Linne teilte uns mit: „Die Aufarbeitung darf nie aufhören, […] die nächsten 20, 30 Jahre gibt es auf jeden Fall noch Potenzial",[382] und genau da sieht sie eine Chance: Durch Aufarbeitung gepaart mit gezielter Aufklärung in Schulen, Unis, durch Vorträge, etc. haben wir die Möglichkeit, über Geschichte zu lehren und unser Bestes zu geben, dass sich solch eine „massive Menschenrechtsverletzung"[383] hoffentlich nie wieder ereignen wird.[384]

---

[382] Eigenes Interview mit Carina Linne am 19.02.2021
[383] Eigenes Interview mit ▮▮▮▮▮ am 21.02.2021
[384] Eigenes Interview mit Carina Linne am 19.02.2021

8. Ausblick

Ab 1974 politisierte die DDR in wirklich beispiellosem Ausmaß den Sport und die dazugehörige Medizin, bis hin zur systematischen Missachtung von Menschenrechten. Die Zentralisierung des Dopings resultierte direkt aus der Auflösung der gesamtdeutschen Mannschaft, der Weiterentwicklung der Anabolika und der Einführung von systematischen Dopingkontrollen. Das dezentral praktizierte Doping, welches zuvor geduldet wurde, hatte sich als effektiv erwiesen, aber aufgrund der Kontrollen bestand nun ein beträchtliches Risiko erwischt zu werden, was weltweiten Ansehensverlust bedeutet hätte. Gleichzeitig erkannte man das außenpolitische Potenzial: Die zentrale Motivation für den staatlich kontrollierten Einsatz der unterstützenden Mittel bestand zunächst darin, die Darstellung des geeinten Deutschlands aufzulösen und die völkerrechtliche Anerkennung der eigenen Nation voranzutreiben. Anschließend nutzte die SED-Führung den sportpolitischen Erfolg, um sich gegenüber dem Westen zu profilieren. In diesen Staaten kam der Verdacht auf Doping erst sehr spät auf. Sportmedizinische Studien und dazugehörige Akten sowie Briefe belegen, dass die SED-Führung nach damaligem Forschungsstand zwar nicht die exakten Auswirkungen abschätzen konnte, aber davon wusste, dass die verwendeten Substanzen auf keinen Fall für den Menschen geeignet waren. Der gesundheitliche Schaden der eigenen Sportler wurde damit bewusst in Kauf genommen. Entgegen der gegenwärtig verbreiteten Ansicht agierte die Stasi diesbezüglich nicht als rein monolithische Struktur. Aus den internen Dokumenten geht hervor, dass die Meinungen zum Doping nicht homogen waren – verschiedene Mitarbeiter äußerten Kritik bezüglich des damit verbundenen Risikos der Aufdeckung, der strukturellen Rahmenbedingungen oder medizinischen Standards, aber niemals ethische Einwände. Dennoch fand nie eine offen dokumentierte Diskussion statt; es kam gar nicht in Frage ein solch erfolgreiches Projekt abzubrechen. Die Legitimation für die Notwendigkeit dieser Praktiken variierte von Anschuldigungen, der Westen würde auch dopen, bis hin zur Behauptung, die Mittel seien unausweichlich, um die Qualität des Spitzensportes zu erhalten. Ab den achtziger Jahren dekonstruierte sich das System zunehmend von selbst. Einige Sportfunktionäre vereinigten viele Ämter in einer Person. Das führte schließlich dazu, dass die Stasi zeitweise gegen sich selbst arbeitete: Die Medikamentenverabreichung schien außer Kontrolle und deshalb wurden Maßnahmen zur stärkeren Regulierung eingeleitet. Gleichzeitig wurden Pläne konzipiert, in denen eine weitere Steigerung der Gelder für die Forschung und die Produktionsmenge für Anabolika bis 2004 festgehalten wurde. Aus den umfangreichen Befugnissen Einzelner gepaart mit persönlichem Erfolgsstreben entwickelte sich immer exzessiverer Einsatz von Doping, worunter ab diesem Zeitpunkt vor allem auch die Anwendung bei Minderjährigen fiel. Die hauptsächliche Verantwortung trifft somit nur wenige Personen. Diese Erkenntnis relativiert allerdings nicht das Geringste, sondern ist ein weiterer Hinweis auf die Gefahren autoritärer Staatsformen, da solche Aktivitäten erst durch personelle Machtkonzentration, die nicht hinterfragt wird, möglich werden. Aus Zeitzeugengesprächen geht hervor, dass den Betroffenen selbst, abhängig von der Sportart, teilweise deutlich oder überhaupt nicht bewusst war, was vor sich ging. Der Erfolg der DDR bei den Olympischen Spielen ist keineswegs ausschließlich auf den Einsatz der leistungssteigernden Mittel zurückzuführen. Die sportliche Förderung war exzellent und insbesondere das Nachwuchssystem nahezu perfektioniert. Allerdings ist ein derartig selektives Vorgehen überhaupt erst in zentralistischen Systemen möglich, in denen der Staat umfangreiche Informationen über jeden Bürger erhebt. Ob die Dopingstrukturen der DDR damit zum Vorbild für andere Länder wurden, ist fraglich. Zumindest stellen staatsnahe Sportorganisationen und Verabreichung durch Trainer häufige Gemeinsamkeiten dar. Die Bedeutung des Sportes für die historische Entwicklung der DDR wird stark unterschätzt. Die Identifikation mit den sozialistischen Siegern wurde gezielt genutzt, um Unruhen zu glätten, von Problemen abzulenken und die Bevölkerung innenpolitisch zu stabilisieren. So und unsere Gesellschaften: Wir leben und arbeiten zusammen, weil wir an die Idee eines Staates glauben, weil wir alle glauben, dass wir „West-" oder „Ostdeutsche" sind, wir glauben an eine „Marktwirtschaft" oder „Sozialismus" oder irgendetwas anderes. Das sind alles Konstrukte: Es gibt keine „Marktwirtschaft" oder keinen „Sozialismus", wenn es niemanden gibt, der daran glauben will. Es ist also nur die Tatsache, dass eine große Anzahl von Menschen an diese Dinge glaubt, was sie sehr real macht: Und tatsächlich könnte man eines Tages entscheiden, dass man nicht an einen Staat glaubt und versuchen, über die Grenze zu gehen, weil es offensichtlich keine Grenze ist – aber die Wachen dort glauben daran, und man wird aufgehalten und für ein Verbrechen bestraft, das wohl nicht ist. So ziehen die Menschen unwirkliche Gräben zwischeneinander. Diese Mentalität projiziert sich schließlich auf alle Lebensbereiche. Stattdessen sollten wir Sport als Möglichkeit nutzen, eben diese Grenzen zu überwinden, um im friedlichen Wettkampf, einer konfliktlosen Auseinandersetzung, zusammenzukommen. Es sollte um nichts anderes gehen als die individuelle Leistung, die jeder unabhängig von seiner Herkunft erzielen kann. Hinter dieser Universalität könnten wir uns als Menschen vereinen. Der DDR-Dopingapparat ist Ausdruck des Selbstverständnisses eines Staates, der Menschen nicht als die Substanz begreift, aus der er selbst besteht, sondern als bloße Instrumente in einer größeren Auseinandersetzung betrachtet. Ein besonderes Zeugnis für dieses Menschenbild sind die Akten der Stasi. In kalter Sprache werden menschliche Schicksale ideologisch aufgeladen geschildert und auf reine Kosten-Nutzen Abwägungen reduziert. Diesem Thema kann dementsprechend keine positive Lehre entnommen werden; es fungiert allerdings als warnendes Beispiel. Ob im Sport oder in der Politik: Das Selbstbestimmungsrecht des Individuums muss unser oberstes Gut sein.

Anhang

Abkürzungsverzeichnis

Ag = Arbeitsgruppe
ÄK = Ärztekommission
AWD = Arzneimittelwerk Dresden
BSA = Bezirkssportarzt
BSG= Betriebssportgemeinschaft
DHfK = eutsche Hochschule für Körperkultur
DOHG = Dopingopfer-Hilfegesetz
DS = Deutscher Sportausschuss
DTSB = Deutscher Turn- und Sportbund
ESA = Einheitliches Talentsichtungs- und Auswahlsystem
FG = Forschungsgruppe
FKS = Forschungsinstitut für Körperkultur und Sport
IM = Inoffizieller Mitarbeiter
IOC = Internationales Olympisches Komitee
ITP = Individueller Trainingsplan
KJS = Kinder- und Jugendsportschulen
KSA = Kreissportarzt
LSK = Leistungssportkommission
MfS = Ministerium für Staatssicherheit
NOK = Nationales Olympisches Komitee (der DDR)
RTP = Rahmentrainingsplan
SBZ= Sowjetischen Besatzungszone
SED = Sozialistische Einheitspartei Deutschlands
SHB = Sportärztliche Hauptberatungsstelle
SKS = Staatssekretariat für Körperkultur und Sport
SMD = Sportmedizinischer Dienst
Stako= Staatliches Komitee für Körperkultur und Sport
STS = Steroid-Test-Substanz
TZ = Trainingszentren
uM = unterstützende Mittel
VIIVA = Verbandsarzt
VD = Vertrauliche Dienstsache
VVS =Vertrauliche Verschlusssache
ZGA = Zentraler Gutachterausschuss
ZGK = Zentrale Gutachterkommission
ZI = Zentralinstitut
ZK = Zentralkomitee
ZL = Zusätzliche Leistung

Abbildungsverzeichnis

Primärquellen

BArch, DY 30, Nr. 2.039/247
BArch, DY 30, Nr. 2.039/248
BArch, DY 30, Nr. 2.039/249
BArch, DY 30, Nr. 2.039/250
BArch, DY 30, Nr. 2.039/251
BArch, DY 30, Nr. 2.039/252
BArch, DY 30, Nr. 2.039/253
BArch, DY 30, Nr. 2.039/254
BArch, DY 30, Nr. 2.039/255
BArch, DY 30, Nr. 2.039/256
BArch, DY 30, Nr. 2.039/257
BArch, DY 30, Nr. 2.039/258
BArch, DY 30, Nr. 2.039/259
BStU, MfS, AGM, Nr. 476
BStU, MfS, AIM, Nr. 364/89
BStU, MfS, AOPK, Nr. 2058/79
BStU, MfS, AP, Nr. 460/82
BStU, MfS, AS, Nr. 109/65
BStU, MfS, BdL/Dok, Nr. 1470
BStU, MfS, BV Gera, X, Nr. 231/83
BStU, MfS, HA I, Nr. 15264
BStU, MfS, HA III. Nr. 14173
BStU, MfS, HA VI, Nr. 17061
BStU, MfS, HA XX, Nr. 1053/77
BStU, MfS, HA XX, Nr. 108/73
BStU, MfS, HA XX, Nr. 1358
BStU, MfS, HA XX, Nr. 13875
BStU, MfS, HA XX, Nr. 1639
BStU, MfS, HA XX, Nr. 16953
BStU, MfS, HA XX, Nr. 19349
BStU, MfS, HA XX, Nr. 4189
BStU, MfS, HA XX, Nr. 505
BStU, MfS, HA XX, Nr. 546
BStU, MfS, HA XX, Nr. 5940
BStU, MfS, HA XX, Nr. 635/62
BStU, MfS, HA XX, Nr. 915
BStU, MfS, KD ESA, Nr. 1342
BStU, MfS, ZAIG, Nr. 26321
BStU, MfS, ZMD, Nr. 107
BStU, ZMD, KD ESA, Nr. 1342

1973 Bauersfeld et al. „Analyse des Einsatzes unterstützender Mittel in den leichtathletischen Wurf- und Stoßdisziplinen und Versuch trainingsmethodischer Ableitungen und Verallgemeinerungen". (o. D.). cycling4fans. https://www.cycling4fans.de/doping/deutschland-doping-geschichten/doping-dokumente-analysen-berichte-erklaerungen-texte/1973-bauersfeld-et-al-anabolika-studie/v (Letzter Zugriff: 17.01.2021).
Antwort der Bunderegierung auf die Kleine Anfrage der Abgeordneten Monika Lazar, Erhard Grundl, Canan Bayram, weiterer Abgeordneter und der Fraktion BÜNDNIS 90/DIE GRÜNEN - Drucksache 19/4147. (2018, 24. September). Bundestag. https://dip21.bundestag.de/dip21/btd/19/044/1904491.pdf
Direktive Nr.23. (2019, 31. Mai). DSC-Archiv. www.dsc-archiv.de. https://www.dsc-archiv.de/wiki/Direktive_Nr._23 (Letzter Zugriff: 07.02.2021).
Gesetz Nr. 2 des Kontrollrats in Deutschland (1945) „Auflösung und Liquidierung der Naziorganisationen". (2007, 7. Juni). www.verfassungen.de. http://www.verfassungen.de/de45-49/kr-gesetz2.htm
Gesetz über die Teilnahme der Jugend am Aufbau der Deutschen Demokratischen Republik und die Förderung der Jugend in Schule und Beruf, bei Sport und Erholung vom 8. Februar 1950. (2004, 30. Januar). www.verfassungen.de. http://www.verfassungen.de/ddr/jugendfoerderungsgesetz50.htm
Gründungsurkunde Nationales Olympisches Komitee. (1951, 22. April). sammlung.sportmuseum.de. http://sammlung.sportmuseum.de/wp-content/uploads/2009/07/06-735.jpg
Hamburger Abendblatt. (1988, 7. November). *Ewald geht - Das Ende einer Ära.* Hamburger Abendblatt - Archiv. https://www.abendblatt.de/archive/1988/pdf/19881107.pdf/ASV_HAB_19881107_HA_016.pdf
Hamburger Abendblatt. (1994, Sommer). *Die Beichte eines DDR-Mächtigen.* https://www.abendblatt.de/archive/1994/pdf/19940917.pdf/ASV_HAB_19940917_HA_019.pdf
Vertrag zwischen der Bundesrepublik Deutschland und der Deutschen Demokratischen Republik über die Herstellung der Einheit Deutschlands vom 31.08.1990

Eigenes Interview mit ████████████ (Zeitzeuge; staatlich anerkanntes Dopingopfer) am 21.02.2021
Eigenes Interview mit Antje Harvey (Zeitzeugin; staatlich anerkanntes Dopingopfer) am 17.02.2021
Eigenes Interview mit Ariane Speckhahn (Zeitzeugin; staatlich anerkanntes Dopingopfer) am 18.02.2021
Eigenes Interview mit Dagmar Kersten (Zeitzeugin; staatlich anerkanntes Dopingopfer) am 19.02.2021
Eigenes Interview mit Dr. Carina Sophia Linne (Expertin; Sporthistorikerin) am 19.02.2021
Eigenes Interview mit Dr. Jutta Braun (Expertin; Sporthistorikerin) am 27.02.2021
Eigenes Interview mit Dr. René Wiese (Experte; Sporthistoriker) am 22.02.2021
Eigenes Interview mit Hans-Joachim Seppelt (Experte; Sportjournalist) am 12.01.2021
Eigenes Interview mit Rica Reinisch (Zeitzeugin; staatlich anerkanntes Dopingopfer) am 20.02.2021
Eigenes Interview mit Sabine Werner (Zeitzeugin; staatlich anerkanntes Dopingopfer) am 19.02.2021

Sekundärquellen

„Deutsche Doping Republik" – Das Dopingsystem der DDR. (2019, 7. Februar). Bundesstiftung Aufarbeitung. https://deutsche-einheit-1990.de/ministe-rien/mfjs/deutsche-doping-republik-das-dopingsystem-der-ddr/ (Letzter Zugriff: 09.02.2021).

Aktion „Flamme". (o. D.). Der Bundesbeauftragte für die Stasi-Unterlagen der ehemaligen Deutschen Demokratischen Republik. https://www.bstu.de/infor-mationen-zur-stasi/themen/beitrag/aktion-flamme/#c25141 (Letzter Zugriff: 17.02.2021).

Anabole Steroide. (o. D.). drugcom.de. https://www.drugcom.de/drogenlexikon/buchstabe-a/anabole-steroide/#:~:text=Wie%20Testosteron%20ha-ben%20anabole%20Steroide,androgene%20Steroide%20(AAS)%20. (Letzter Zugriff: 13.02.2021).

Anabole und androgene Wirkung von Anabolika und Steroiden sowie Prohormonen. (2014, 8. Dezember). feelgoodnet. https://www.feelgoodnet.com/ana-bole-und-androgene-wirkung-von-anabolika-und-steroiden-sowie-prohormonen/. (Letzter Zugriff: 02.02.2021).

Anabole und androgene Wirkung von Anabolika und Steroiden sowie Prohormonen. (2014, 8. Dezember). feelgoodnet. https://www.feelgoodnet.com/ana-bole-und-androgene-wirkung-von-anabolika-und-steroiden-sowie-prohormonen/ (Letzter Zugriff: 12.02.2021).

Bachner, F. (2009, 19. Juli). *Doping-Vergangenheit: Wir haben nicht mitgemacht*. Tagesspiegel.de. https://www.tagesspiegel.de/sport/doping/doping-vergan-genheit-wir-haben-nicht-mitgemacht/1560710.html (Letzter Zugriff: 09.02.2021).

Bahro, B. (o. D.). *08 Historische Hintergründe - Die Anfänge: Interview mit Sporthistoriker Dr. Berno Bahro*. no-doping.org., https://no-doping.org/po-dcast/. (Letzter Zugriff: 07.02.2021).

Barnett, H. (1994). *Körperkultur und Sport in der DDR*. Verlag Hofmann Schorndorf.

Barthold, H. (2019, 15. Februar). *Ines Geipel – Vom Kapital reflektierter Erfahrungen*. Berufsreport.com. https://www.berufsreport.com/ines-geipel-vom-kapital-reflektierter-erfahrungen/ (Letzter Zugriff: 09.02.2021).

Berendonk, B. (1991). *DDR-Staatsplanthema 14.25 — Das Manhattan-Projekt des Sports*. Springer. https://doi.org/10.1007/978-3-642-93484-1_10 (Letzter Zugriff: 12.02.2021).

Berendonk, B. (1991). *Doping Dokumente: Von der Forschung zum Betrug* (1. Aufl.). Springer-Verlag.

Bernhard, H. (2018, 7. März). *„Leistungseugenik einer Diktatur"*. Deutschlandfunk. https://www.deutschlandfunk.de/doping-in-der-ddr-leistungseugenik-einer-diktatur.890.de.html?dram:article_id=412452 (Letzter Zugriff: 09.02.2021).

Biathletin Antje Harvey-Misersky erhält Anti-Doping-Preis. (o. D.). Doping-opfer-hilfe e.V. https://no-doping.org/historie-doh/ehrungen/biathletin-antje-harvey-misersky-erhaelt-anti-doping-preis/ (Letzter Zugriff: 12.02.2021).

Birck, E. (2013). *Die gesamtdeutschen Olympiamannschaften – eine Paradoxie der Sportgeschichte?* Universität Bielefeld. https://pub.uni-biele-feld.de/download/2638227/2638228 (Letzter Zugriff: 01.02.2021).

Biron, C. (2016). *GRIN - Doping in der DDR und sein Einfluss auf Sport und Sportler*. grin. https://www.grin.com/document/355986 (Letzter Zugriff: 17.02.2021).

Blackspark.digital & Krieger, A. (o. D.). *Andreas Krieger: Heidis weitester Stoß*. Andreas Krieger Story. https://www.andreas-krieger-story.org/de/ (Letzter Zugriff: 05.02.2021).

Blickenstaff, B. (2016, 12. August). *Der Aufstieg und Fall von Gerd Bonk, dem Weltmeister im Doping*. vice.com. https://www.vice.com/de/ar-ticle/4xz3wj/der-aufstieg-und-fall-von-gerd-bonk-dem-weltmeister-im-doping-271 (Letzter Zugriff: 17.02.2021).

Brandbeck, L. (2019, 7. November). *Ex-Schwimmerin Antje Buschschulte: „Die DDR war nicht nur wegen des Dopings erfolgreich"*. Tagesspiegel. https://www.tagesspiegel.de/sport/ex-schwimmerin-antje-buschschulte-die-ddr-war-nicht-nur-wegen-des-dopings-erfolgreich/25200536.html (Letz-ter Zugriff: 09.02.2021).

Braun, J. (2010). *Die Stasi sagte: „Der Kopf muss weg!"* Horch und Guck. https://web.archive.org/web/20110227082155/http://www.horch-und-guck.info/hug/archiv/2010/heft-68/06810/ (Letzter Zugriff: 15.02.2021).

Breitensport bestimmte sein Wirken. (2000, 11. Mai). Neues Deutschland. https://www.neues-deutschland.de/artikel/859477.breitensport-bestimmte-sein-wirken.html (Letzter Zugriff: 15.02.2021).

Burkert, A. (2013, 29. Juni). *100. Tour de France: Tour des Leidens*. Süddeutsche.de. https://www.sueddeutsche.de/sport/100-tour-de-france-wir-fahren-mit-dynamit-1.1708449-2 (Letzter Zugriff: 04.02.2021).

Ines Geipel - „Meine Generation hat den inneren Hitler in sich konserviert" (2019, 23. April). Cicero. https://www.cicero.de/innenpolitik/ines-geipel-ddr-nationalsozialismus-sed-diktatur-mauer-rechtsextremismus-afd/plus (Letzter Zugriff: 08.02.2021).

Das bestgehütete Geheimnis im DDR-Sport. (2021, 17. Februar). Mdr.de https://www.mdr.de/zeitreise/sport-ddr-geheimste-sporthalle-kienbaum-hoehentrai-ning100.html. (Letzter Zugriff: 18.02.2021).

Der große Knall kommt. (1991, 1. Juli). DER SPIEGEL https://www.spiegel.de/spiegel/print/d-13487545.html (Letzter Zugriff: 02.02.2021).

Die Bedeutung des Sports in der DDR. (2020, 10. März). Mdr.de. https://www.mdr.de/zeitreise/stoebern/damals/sport-ddr-leistungssport-sport-ler100.html (Letzter Zugriff: 11.02.2021).

Die Schattenseite anaboler Steroide: Diese Nebenwirkungen solltest Du kennen! (2018, 30. März). fitpedia. https://fitpedia.com/medizin/steroide/die-schat-tenseite-anaboler-steroide-diese-nebenwirkungen-solltest-du-kennen/ (Letzter Zugriff: 04.02.2021).

Die wichtigsten Urteile zum Doping im DDR-Sport. (2020, 3. März). Augsburger-Allgemeine. https://www.augsburger-allgemeine.de/sport/Die-wichtigsten-Urteile-zum-Doping-im-DDR-Sport-id8555081.html#:%7E:text=Das%20Berliner%20Landgericht%20verh%C3%A4ngt%20gegen,DDR-Leis-tungssport%20wegen%20Dopings%20schuldig. (Letzter Zugriff: 09.02.2021).

Dieckert, J. & Hoyer, K. (1978). *Freizeitsport: Aufgabe und Chance für jedermann*. (2. Aufl. 1978 Aufl.). VS Verlag für Sozialwissenschaften.

Diplomaten im Trainingsanzug (2010, 1. Juni). Deutsche Welle. https://www.dw.com/de/diplomaten-im-trainingsanzug/a-5614253 (Letzter Zugriff: 02.02.2021).

Doping in der DDR: Nebenwirkungen bei Männern -- Leberschäden, Magenleiden und Impotenz: Ein zuckerkranker Sportler wurde zum körperlichen Wrack gespritzt. (1994, 7. April). Berliner Zeitung. https://www.berliner-zeitung.de/doping-in-der-ddr-nebenwirkungen-bei-maennern-leberscha-eden-magenleiden-und-impotenz-ein-zuckerkranker-sportler-wurde-zum-koerperlichen-wrack-gespritzt-li.18588 (Letzter Zugriff: 07.02.2021).

Doping und Leistungsdruck im DDR-Sport - Schaden an Leib und Seele. (2020, 16. Februar). Deutschlandfunk Kultur. https://www.deutschlandfunkkul-tur.de/doping-und-leistungsdruck-im-ddr-sport-schaden-an-leib-und.966.de.html?dram:article_id=470398 (Letzter Zugriff: 03.02.2021).

Dreher, K. E. & Kuss, M. (2020, 25. August). *Doping: DDR*. Sport - Gesellschaft - Planet Wissen. https://www.planet-wissen.de/gesellschaft/sport/do-ping_gefaehrliche_mittel/pwiedopinginderddr100.html#:%7E:text=Das%20staatlich%20organisierte%2C%20fl%C3%A4chendeckende%20Do-ping,ohne%20dass%20sie%20es%20wussten.&text=Vor%20allem%20im%20Schwimmen%20wurden,zu%20wahren%20Medaillen-Maschi-nen%20hochgedopt. (Letzter Zugriff: 14.02.2021).

Dubbels, W. D. (2000, 7. Februar). *Doping oder harmlose Nahrungsmittel*. Pharmazeutische Zeitung. https://www.pharmazeutische-zeitung.de/in-dex.php?id=pharm5_06_2000 (Letzter Zugriff: 11.02.2021).

Eggers, E. (2012, 1. September). *Schein und Sein der KJS- Eine historische Studie durchdringt die Geschichte der Kinder- und Jugendsportschulen*. Deutschlandfunk. https://www.deutschlandfunk.de/schein-und-sein-der-kjs.1346.de.html?dram:article_id=220031 (Letzter Zugriff: 15.02.2021).

Ehrich, D. (1981). *Die DDR Breiten-und Spitzensport*. Kopernikus.

Eins, P. (2018, 23. September). *DDR-Sportlerin Ines Geipel - „Laufen, bis man aus sich rausgelaufen ist"*. Deutschlandfunkkultur.de. https://www.deutsch-landfunkkultur.de/ddr-sportlerin-ines-geipel-laufen-bis-man-aus-sich.3640.de.html?dram:article_id=427878 (Letzter Zugriff: 15.02.2021).

Einwohner der DDR. (o. D.). DDR Museum Mühltroff. https://www.ddr-museum-muehltroff.de/ddr-geschichte-bevoelkerung-einwohner.html (Letzter Zu-griff: 02.02.2021).

Entwicklung und Einsatz anaboler Steroide in der DDR. (o. D.). Histpharm. http://www.histpharm.org/40ishpBerlin/L32F.pdf (Letzter Zugriff: 07.02.2021).

Erices, R. & Gumz, A. (2012, 26. Oktober). *DDR-Bezirksärzte: Im Zweifelsfall für die sozialistische Sache*. Deutsches Ärzteblatt. https://www.aerzte-blatt.de/treffer?mode=s&wo=1041&typ=16&aid=131912&s=DDr&s=Doping&s=der (Letzter Zugriff: 11.02.2021).

Es lebe der Sport!. (o. D.). www.zeitklicks.de. https://www.zeitklicks.de/ddr/zeitklicks/zeit/alltag/freizeit/es-lebe-der-sport-1/#:%7E:text=Ul-bricht%20hatte%20schon%201959%20die,wurde%20f%C3%BCr%20jedes%20Lebensalter%20gef%C3%B6rdert. (Letzter Zugriff: 16.02.2021).

Ewald, M. (1994). *Ich war der Sport - Wahrheiten und Legenden aus dem Wunderland der Sieger*. Elefanten Press.

Ex-Weltrekordler Gerd Bonk ist tot. (2014, 21. Oktober). DER SPIEGEL. https://www.spiegel.de/sport/sonst/gewichtheben-ex-weltrekordler-gerd-bonk-ist-tot-a-998455.html (Letzter Zugriff: 02.02.2021).

Fetzer, T. (2003). *Die gesellschaftliche Akzeptanz des Leistungssportsystems*. Sport und Buch Strauss.

Franke, V. (2009, 27. August). *Was macht eigentlich Antje Harvey?* Biathlon-online.de. https://biathlon-online.de/3689/was-macht-eigentlichantje-harvey-ehem-misersky/ (Letzter Zugriff: 16.02.2021).

Franke, W., Lepping, C., Misersky, H. & Treutlein, G. (2019, Januar). *Blackbox - Doping-„Opfer"-Hilfe*. Dopingalarm.de.

Fritsch, O. F. (2018, März 26). *„DDR-Dopingopfer sterben zehn bis zwölf Jahre früher"*. Zeit Online. https://www.zeit.de/sport/2018-02/doping-ddr-doping-opfer-forscher-harald-freyberger (Letzter Zugriff: 14.02.2021).

Für Antje Harvey zählt nur noch die Familie. (2001, 16. Januar) Rheinische Post. https://rp-online.de/sport/fuer-antje-harvey-zaehlt-nur-noch-die-fami-lie_aid-8645997. (Letzter Zugriff: 18.02.2021).

Gedopte DDR-Olympiasieger: Rogge: Medaillen bleiben. (2012, 22. November). n-tv.de. https://www.n-tv.de/sport/Rogge-Medaillen-bleiben-ar-ticle344835.html (Letzter Zugriff: 08.02.2021).

Geipel, I. (2017, 6. Januar). *Die Stasi und der Leistungssport*. bpb.de. https://www.bpb.de/geschichte/deutsche-geschichte/stasi/219625/sport (Letzter Zu-griff: 09.02.2021).

Geipel, I. (2020, 24. April). *„Die Aufarbeitung muss an die Familientische"*. bpb.de. https://www.bpb.de/geschichte/zeitgeschichte/deutschlandar-chiv/308227/die-aufarbeitung-muss-an-die-familientische (Letzter Zugriff: 13.02.2021).

Geipel, I. Busch, E. (o. D.). Hfs-berlin.de. Abgerufen am 10. Februar 2021, von https://www.hfs-berlin.de/hochschule/person/ines-geipel/ (Letzter Zugriff: 20.02.2021).

Gerd Bonk - deutscher Gewichtheber (o. D.). Munzinger.de. https://www.munzinger.de/search/portrait/Gerd+Bonk/1/51154.html. (Letzter Zugriff: 06.02.2021).

Gerd Bonk. (o. D.). Bundesstiftung Aufarbeitung. https://www.bundesstiftung-aufarbeitung.de/de/recherche/kataloge-datenbanken/biographische-datenban-ken/gerd-bonk (Letzter Zugriff: 02.02.2021).

Geschichte des NOK Deutschland (1949-2006). (o. D.). olympia-lexikon.de. https://www.olympia-lexikon.de/Nationales_Olympisches_Komitee#Geschichte_des_NOK_Deutschland_.281949-2006.29. (Letzter Zugriff: 19.02.2021).

Gold für die DDR Athleten aus dem Labor. (2018, 8. Februar). [Video]. YouTube. https://www.youtube.com/watch?v=DH09BgcaRSE (Letzter Zugriff: 08.02.2021).

Großekathöfer, M. G. (2009, 18. August). *Vom Staat missbraucht*. SPIEGEL. https://www.spiegel.de/sport/sonst/dopingopfer-krieger-vom-staat-miss-braucht-a-643223.html (Letzter Zugriff: 11.02.2021).

Gültige DDR-Rekorde als Mahnmale für die Zukunft. (2017, 23. Februar). Saarbrücker Zeitung. https://www.saarbruecker-zeitung.de/sport/sz-sport/gueltige-ddr-rekorde-als-mahnmale-fuer-die-zukunft_aid-682693 (Letzter Zugriff: 10.02.2021).

Harasim, M. T. (2019, 28. November). *Bundeshaushalt - Mehr Geld für den Spitzensport*. Deutschlandfunk. https://www.deutschlandfunk.de/bundeshaus-halt-mehr-geld-fuer-den-spitzensport.890.de.html?dram:article_id=464601 (Letzter Zugriff: 17.02.2021).

Harvey, A. (1999, 9. November). *Olympiasiegerin Antje Harvey-Misersky über Mauerfall, Doping und deutschen Leistungssport*. Berliner-zeitung.de. https://www.berliner-zeitung.de/olympiasiegerin-antje-harvey-misersky-ueber-mauerfall-doping-und-deutschen-leistungssport-warten-auf-ein-wort-der-entschuldigung-li.22237 (Letzter Zugriff: 23.02.2021).

Hasselmann, S. (2016, 23. September). *Doping im DDR-Sport - Viele Opfer leiden noch heute*. Deutschlandfunk Kultur. https://www.deutschlandfunkkul-tur.de/doping-im-ddr-sport-viele-opfer-leiden-noch-heute.1001.de.html?dram:article_id=366579 (Letzter Zugriff: 13.02.20212).

Heess, J. (2005, 5. Oktober). *„Es ist bitter, dass die DDR-Starathleten alle Doping leugnen"*. TAZ. https://taz.de/!536079/ (Letzter Zugriff: 09.02.2021).

Herrmann, B. (2014, 22. Oktober). *„Verheizt von der DDR, vergessen vom vereinten Deutschland"*. Süddeutsche.de. https://www.sueddeut-sche.de/sport/zum-tode-von-gerd-bonk-verheizt-von-der-ddr-vergessen-vom-vereinten-deutschland-1.2184443 (Letzter Zugriff: 07.02.2021).

Hershberger Test. (o. D.). Biologie Seite. https://www.biologie-seite.de/Biologie/Hershberger-Test (Letzter Zugriff: 10.02.2021).

Hinsching, J. (1998). *Alltagssport in der DDR* (1., Auflage). Meyer & Meyer Sport.

Hockerts, G. (2009). *Wir gegen uns. Sport im geteilten Deutschland* (1. Aufl.). Primus in Wissenschaftliche Buchgesellschaft (WBG). (Letzter Zugriff: 16.02.2021).

Hoffmann, M. (2003, 20. März). *Der Ausbau der Kinder- und Jugendsportschulen (KJS) der DDR unter besonderer Betrachtung des Konflikts um einen „humaneren Kinderhochleistungssport" zwischen dem Ministerium für Volksbildung und dem DTSB*. Uni-Mainz. https://download.uni-mainz.de/fb02-sport-mueller/Texte/HOFFMANNExArbeit03.pdf (Letzter Zugriff: 17.02.2021).

Hoffmann, U. H. (2003, 21. Juli). *Anabole Steroide – ein wachsendes Problem im Breitensport*. Arzneimitteltherapie. https://www.arzneimittelthera-pie.de/heftarchiv/2003/07/anabole-steroide-ein-wachsendes-problem-im-breitensport.html (Letzter Zugriff: 18.02.2021).

Hurrelbrink, J. (2016, Juni). *DDR-Dopingopfer in der medialen Berichterstattung seit dem Jahr 2000*. https://the-ses.ubn.ru.nl/bitstream/handle/123456789/3736/Hurrelbrink%2C_J.L._1.pdf?sequence=1 (Letzter Zugriff: 14.02.2021).

In der DDR zwangsgedopt | Ex-Sportlerin Ines Geipel. (2019, 1. März). [Video]. SWR1 Leute. Youtube.com. https://www.y-outube.com/watch?v=fj8WyPld0gw. (Letzter Zugriff: 13.02.2021).

Ines Geipel. (2016, 10. Januar). Munzinger. https://www.munzinger.de/search/portrait/Ines+Geipel/0/28028.html. (Letzter Zugriff: 03.02.2021).

Kahrs, R. (2008, 17. August). *Ines Geipel*. arte.tv. https://web.archive.org/web/20090625093423/http://www.arte.tv/de/woche/244,broadcas-tingNum=862959,day=2,week=34,year=2008.html (Letzter Zugriff: 07.02.2021).

Kauer-Berk, O. (2015, 13. Januar). *Interview mit Biathlon-Olympiasiegerin Antje Harvey*. Dosb.de. https://www.dosb.de/sonderseiten/news/news-de-tail/news/interview-mit-biathlon-olympiasiegerin-antje-harvey (Letzter Zugriff: 12.02.2021).

Ketterer, F. (2005, 22. Juli). *Ein Preis fürs Nein-Sagen*. Taz.de. https://taz.de/Ein-Preis-fuers-Nein-Sagen/!572659/ (Letzter Zugriff: 14.02.2021).

Kinder- und Jugendsport (2010, 16. Februar). Mdr.de. https://www.mdr.de/zeitreise/stoebern/damals/artikel75384.html (Letzter Zugriff: 19.02.2021).

Kindheit unter Qualen - Missbrauch im DDR Leistungssport (2017, 12. März). [Video]. NDR. https://www.youtube.com/watch?v=BQepId998tA. (Letzter Zugriff: 20.02.2021).

Klein, D. (2021, 19. Februar). *Wie das Doping-Labor in Kreischa die Wende überlebte.* saechsische.de. https://www.saechsische.de/plus/wie-das-doping-labor-in-kreischa-die-wende-ueberlebte-5131196.html (Letzter Zugriff: 11.02.2021).

Klein, M., Pierdzioch, C. & Emrich, E. (2012, Januar). *Die optimierende Diktatur: politische Stabilisierung durch staatlich verordnetes Doping am Beispiel der DDR. Vierteljahresschrift für Sozial und Wirtschaftsgeschichte.* https://www.researchgate.net/profile/Eike_Emrich/publication/259752256_Die_optimierende_Diktatur_politische_Stabilisierung_durch_staatlich_verordnetes_Doping_am_Beispiel_der_DDR/links/0c96052dcec10926d7000000.pdf (Letzter Zugriff: 06.02.2021).

Knuth, J. K. (2018, 29. August). *Denn sie wussten, was sie schluckten.* Süddeutsche Zeitung. https://www.sueddeutsche.de/sport/doping-in-der-ddr-denn-sie-wussten-was-sie-schluckten-1.4107700 (Letzter Zugriff: 15.02.2021).

Krause, M. (2001, 13. Januar). *An nur einem Verhandlungstag wird DDR-Schwimmverbandsarzt Lothar Kipke zu 15 Monaten auf Bewährung verurteilt: Verantwortlich waren immer die anderen.* Berliner Zeitung. https://www.berliner-zeitung.de/an-nur-einem-verhandlungstag-wird-ddr-schwimmverbandsarzt-lothar-kipke-zu-15-monaten-auf-bewaehrung-verurteilt-verantwortlich-waren-immer-die-anderen-li.16402 (Letzter Zugriff: 19.02.2021).

Krüger, M., Nielsen, S., Becker, C. & Rehmann, L. (2019). *Sportmedizin zwischen Sport, Wissenschaft und Politik – eine deutsche Geschichte.* Bundesinstitut für Sportwissenschaft. https://www.bisp.de/SharedDocs/Downloads/Publikationen/Publikationssuche_Schriftenreihe_ehem_rot_weiss/Schriftenreihe_Sportmedizin_zwischen_Sport_Wissenschaft_und_Politik_eine_deutsche_Geschichte.pdf?__blob=publicationFile&v=9 (Letzter Zugriff: 15.02.2021).

Kuban, C. K. (2018, 25. November). *Wenn ein Staat das Leben seiner Sportler auf Spiel setzt.* Deutschlandfunk Kultur. https://www.deutschlandfunkkultur.de/zwangsdoping-in-der-ddr-wenn-ein-staat-das-leben-seiner.966.de.html?dram:article_id=434164 (Letzter Zugriff: 15.02.2021).

Leissl, P. (2020, 30. Juli). *Moskau 1980: Verlierer und Gewinner der Boykottspiele.* ZDF Mediathek. https://www.zdf.de/sport/archiv/olympische-momente-moskau-1980-archiv-klassiker-100.html (Letzter Zugriff: 15.02.2021).

Leistungssport in der DDR - War jeder Doper auch ein Dopingopfer? (2019, 24. Februar). Deutschlandfunk Kultur. https://www.deutschlandfunkkultur.de/leistungssport-in-der-ddr-war-jeder-doper-auch-ein.966.de.html?dram:article_id=441854 (Letzter Zugriff: 19.02.2021).

Linne, C. S. (2008). In *Politisierung des Spitzensports in der DDR: Eine Untersuchung der politischen Einflussnahme auf den Hochleistungssport am Beispiel des SC Karl-Marx-Stadt* (1. Aufl., S. 3). GRIN Verlag.

Malycha, A. (2011, 31. Oktober). *Auf dem Weg in den Zusammenbruch (1982 bis 1990).* bpb.de. https://www.bpb.de/izpb/48560/auf-dem-weg-in-den-zusammenbruch-1982-bis-1990 (Letzter Zugriff: 15.02.2021).

Manfred Ewald ist tot. (2002, 22. Oktober). DER SPIEGEL. https://www.spiegel.de/sport/sonst/ddr-sportfuehrer-manfred-ewald-ist-tot-a-219360.html (Letzter Zugriff: 16.02.2021).

Manfred Ewald ist tot. (2002, 22. Oktober). Frankfurter Allgemeine Zeitung. FAZ.NET. https://www.faz.net/aktuell/sport/ddr-sportfuehrer-manfred-ewald-ist-tot-182564.html (Letzter Zugriff: 18.02.2021).

Mebus, J. & Seppelt, H. (2021, 9. Februar). *Mehr als 15 Millionen Euro für DDR-Dopingopfer.* Doping - sportschau.de. https://www.sportschau.de/doping/doping-doping-102.html. (Letzter Zugriff: 13.02.2021).

Medaillenspiegel Montreal 1976. (o. D.). Olympia-Lexikon. https://www.olympia-lexikon.de/Medaillenspiegel_Montreal_1976. (Letzter Zugriff: 15.02.2021).

Medaillenspiegel München 1972. (o. D.). Olympia-Lexikon. https://www.olympia-lexikon.de/Medaillenspiegel_München_1972. (Letzter Zugriff: 15.02.2021).

Mischke, M. (2010, März). Cycling4Fans - Doping: Kipke, Lothar. Cycling4Fans. https://www.cycling4fans.de/index.php?id=4935. (Letzter Zugriff: 18.02.2021).

Nachwuchsförderung im DDR-Sport (2016, 4. Januar). Mdr.de. https://www.mdr.de/zeitreise/stoebern/damals/sportffoerderung100.html (Letzter Zugriff: 12.02.2021).

Nebenwirkungen von anabolen Steroiden. (o. D.). musqle. https://musqle.de/nebenwirkungen-von-anabolen-steroiden. (Letzter Zugriff: 07.02.2021).

Nebenwirkungen von Anabolika. (o. D.). Deutsche Sporthochschule Köln. https://www.dshs-koeln.de/institut-fuer-biochemie/doping-substanzen/nebenwirkungen-von-dopingmitteln/nebenwirkungen-von-anabolika/. (Letzter Zugriff: 09.02.2021).

Pervitin, die Droge, mit der Hitlers Soldaten den Krieg zogen. mdr.de. (2021, 10. Februar). Mdr.de. https://www.mdr.de/zeitreise/pervitin-soldaten-krieg-droge-hitler-deutsches-reich100.html (Letzter Zugriff: 18.02.2021).

Pierdzioch, C. & Emrich, E. & Klein, M. (2014, März). *Die Optimierende Diktatur. Politische Stabilisierung durch staatlich verordnetes Doping am Beispiel der DDR.* researchgate. https://www.researchgate.net/publication/260564519_Die_Optimierende_Diktatur_Politische_Stabilisierung_durch_staatlich_verordnetes_Doping_am_Beispiel_der_DDR. (Letzter Zugriff: 10.02.2021).

Prof. Ines Geipel (o. D.). Bundesstiftung Aufarbeitung. https://www.bundesstiftung-aufarbeitung.de/de/erinnern/denkmal-fuer-opfer-kommunistischer-gewaltherrschaft-in-deutschland/beirat/ines-geipel (Letzter Zugriff: 02.02.2021).

Purschke, T. (2011, 16. November). *„Mir wurde klar: Für die Bonzen bist du nur ein Stück Material".* DIE WELT. https://www.welt.de/print-welt/article200637/Mir-wurde-klar-Fuer-die-Bonzen-bist-du-nur-ein-Stueck-Material.html. (Letzter Zugriff: 03.02.2021).

Purschke, T. (2012, Mai). *Antje Harvey - Biathlon.* Hall-of-fame-sport.de. https://www.hall-of-fame-sport.de/mitglieder/detail/Antje-Harvey. (Letzter Zugriff: 17.02.2021).

Purschke, T. (2014, 21. Oktober). *Zum Tode von Gerd Bonk. Verheizt und vergessen.* Tagesspiegel.de. https://www.tagesspiegel.de/sport/zum-tode-von-gerd-bonk-verheizt-und-vergessen/10870224.html. (Letzter Zugriff: 15.02.2021).

Reichelt, F. (2011). *Das System des Leistungssports in der DDR. Struktur und Aufbau.* (1. Aufl.). Tectum Wissenschaftsverlag. (Letzter Zugriff: 04.02.2021).

Reinhart, K. (2010). *Wir wollten einfach unser Ding machen: DDR-Sportler zwischen Fremdbestimmung und Selbstverwirklichung (Campus Forschung, 945).* Campus Verlag. (Letzter Zugriff: 12.02.2021).

Reinsch, M. (2006, 12. April). *„Von der vergifteten Sportgeschichte befreien".* FAZ.net. https://www.faz.net/aktuell/sport/mehr-sport/doping-von-der-vergifteten-sportgeschichte-befreien-1328704.html. (Letzter Zugriff: 16.02.2021).

Reinsch, M. (2009, 12. Mai). *Risse im Bündnis.* FAZ.net. https://www.faz.net/aktuell/sport/mehr-sport/olympia-boykott-1984-risse-im-buendnis-1800819.html. (Letzter Zugriff: 01.02.2021).

Richter, E. (2000). Nur die Medaillen zählten. *Deutsches Ärzteblatt,* A2014–A2015. https://www.aerzteblatt.de/pdf.asp?id=23761. (Letzter Zugriff: 13.02.2021).

Richter, J. (2019, 5. März). *Doping - Anabole Steroide (Anabolika).* NetDoktor. https://www.netdoktor.de/sport-fitness/doping-anabole-steroide-anabo-12504.html#:%7E:text=Doping%20mit%20Anabolika,-Anabolika%20entfalten%20je&text=Als%20Dopingsubstanzen%20geh%C3%B6ren%20Anabolika%20zu,dass%20sie%20die%20Regeneration%20beschleunigen. (Letzter Zugriff: 06.02.2021).

Röder, H. (o. D.). *Funktionen und Ziele, Grundlagen und Merkmale des Leistungssports in der DDR.* Funktionen und Ziele, Grundlagen und Merkmale des Leistungssports in der DDR. Abgerufen am 18. Februar 2021, von www.sport-ddr-roeder.de/funktionen_ziele.html. (Letzter Zugriff: 07.02.2021).

Roeder, H. (2008). *Nachwuchsleistungssport - Sichtung, Auswahl, Normensystem- Sportliche Begabung, Talent, Eignung.* sport-ddr-roeder.de. http://www.sport-ddr-roeder.de/nachwuchsleistungssport_4.html. (Letzter Zugriff: 18.02.2021).

Scheer, U. (2011, 16. November). *Nimm das, ist gut für dich.* DIE WELT. https://www.welt.de/print-welt/article473240/Nimm-das-ist-gut-fuer-dich.html. (Letzter Zugriff: 19.02.2021).

Schilling, F. (2007, 31. August). *Treue ist gut, totale Kontrolle ist besser.* DER SPIEGEL, https://www.spiegel.de/geschichte/leistungssport-in-der-ddr-a-947003.html (Letzter Zugriff: 02.02.2021).

Schirmer, A. (2020, 5. Juli). *Antidoping-Kämpferin Ines Geipel wird 60.* Aerztezeitung.de. https://www.aerztezeitung.de/Panorama/Antidoping-Kaempferin-Ines-Geipel-wird-60-410992.html. (Letzter Zugriff: 11.02.2021).

Schmidbauer, D. A. G. (2010). *GRIN - Sport und Politik in der DDR. Die Rolle des Leistungssports im politischen System.* grin. https://www.grin.com/document/162291. (Letzter Zugriff: 19.02.2021).

Schültke, A. (2015, 30. August). *DDR-Dopingopfer - Der Kampf gegen die Zeit.* Deutschlandfunk. https://www.deutschlandfunk.de/ddr-dopingopfer-der-kampf-gegen-die-zeit.1346.de.html?dram:article_id=329711. (Letzter Zugriff: 18.02.2021).

Schwabe, F. (2012, 12. April). *Ost-West-Konflikt.* Geschichte kompakt. https://www.geschichte-abitur.de/deutsche-teilung/ost-west-konflikt. (Letzter Zugriff: 16.02.2021).

Seoul 1988: Erster Doping-Skandal und letztes DDR-Team. (2016, 15. August). Süddeutsche Zeitung. https://www.sueddeutsche.de/sport/olympia-seoul-1988-erster-doping-skandal-und-letztes-ddr-team-dpa.urn-newsml-dpa-com-20090101-160815-99-79698#:%7E:text=)%20-%20Die%20XXIV.-,Spiele%201988%20in%20S%C3%BCdkoreas%20Hauptstadt%20Seoul,einem%20politisch%20geteilten%20Land%20statt.&text=Aber%20nicht%20Politik%20sondern%20Doping,79%20Sekunden%20des%20Dopings%20%C3%BCberf%C3%BChrt. (Letzter Zugriff: 03.02.2021).

Spitzer, G. (2003). Doping in der DDR: Ein historischer Überblick zu einer konspirativen Praxis. Genese - Verantwortung - Gefahren (Doping, Enhancement, Prävention in Sport, Freizeit und Beruf) (5., akt. u. erw. Aufl.). Sportverlag Strauß.

Sport im DDR-Fernsehen. (2017, 28. August). bpb.de. https://www.bpb.de/gesellschaft/medien-und-sport/deutsche-fernsehgeschichte-in-ost-und-west/245678/sport-im-ddr-fernsehen (Letzter Zugriff: 04.02.2021).

Sport in der DDR. (o. D.). DDR Museum Mühltroff. https://www.ddr-museum-muehltroff.de/ddr-geschichte-sport.html. (Letzter Zugriff: 21.02.2021).

Sport in der DDR. (o. D.). freundeskreis-schlossbergmuseum.de. http://freundeskreis-schlossbergmuseum.de/templates/archiv/sportstadt/c6-ddr.html. (Letzter Zugriff: 14.02.2021).

Staatsgeheimnis Kinderdoping. (o. D.). [Video]. Outdoor. YouTube. https://www.youtube.com/watch?v=BMemD3CaKNk. (Letzter Zugriff: 12.02.2021).

Stecher, R. (2017). *Doping in der DDR: Eine Analyse west- und ostdeutscher Medien der 1970er und 1980er Jahre.* http://othes.univie.ac.at/46997/1/49511.pdf. (Letzter Zugriff: 20.02.2021).

Studie belegt: Gynäkomastie durch Doping mit Anabolika. (2016, 14. Juni). Gynäkomastie Köln. https://www.gynaekomastie-koeln.de/gynaekomastie-doping-anabolika/. (Letzter Zugriff: 05.02.2021).

Tabletten made in Thüringen. (2020, 5. März). Laborjournal. https://www.laborjournal.de/editorials/1954.php. (Letzter Zugriff: 10.02.2021).

Teichler, H. J. & Reinartz, K. (1999). *Das Leistungssportsystem der DDR in den 80er Jahren und im Prozeß der Wende.* Bundesinstitut für Sportwissenschaft.

Teil 6: Los Angeles 1984 – die Antwort des Ostens. (2013, 19. Juni). Mdr.de. https://www.mdr.de/zeitreise/stoebern/damals/olympia-wir-gegen-uns118.html (Letzter Zugriff: 20.02.2021).

Tilgner, K. M. (2017). *Eine Analyse des Dopingsystems der DDR und die Rolle der staatlichen Behörden.* Hochschule Mittweida.

Trauer um Gerd Bonk: Der einst stärkste Mann ist tot. (2014, 21. Oktober). Mdr.de. https://web.archive.org/web/20141021134329/http://www.mdr.de/andere_sportarten/bonk-tod102.html (Letzter Zugriff: 15.02.2021).

Völker, M. (2001, 21. Januar). *Doping – kein Thema für Familie Briesenick.* TAZ Verlags- und Vertriebs GmbH. https://taz.de/Doping--kein-Thema-fuer-Familie-Briesenick/!1190998/. (Letzter Zugriff: 11.02.2021).

Vom Sportmedizinischen Dienst direkt ins Blut. (o. D.). NDR.de. https://web.archive.org/web/20160206085543/http://www.ndr.de/nachrichten/mecklenburg-vorpommern/stasi_doping/Vom-Sportmedizinischen-Dienst-direkt-ins-Blut,sendoping125.html (Letzter Zugriff: 17.02.2021).

von Prittwitz, V. (o. D.). *Volker von Prittwitz.* Freie Universität Berlin. https://userpage.fu-berlin.de/vvp/doping.html. (Letzter Zugriff: 02.02.2021).

Warum wird gedopt? (o. D.). NADA Austria. https://www.nada.at/de/praevention/dopipedia/marketshow-warum-wird-gedopt. (Letzter Zugriff: 21.02.2021).

Was Männer unfruchtbar machen kann. (2017, 15. Dezember). Internisten im Netz. https://www.internisten-im-netz.de/aktuelle-meldungen/aktuell/was-maenner-unfruchtbar-machen-kann.html#:~:text=Zu%20einem%20Stopp%20der%20Spermienproduktion,die%20Produktion%20von%20Samenzellen%20ausbleibt. (Letzter Zugriff: 19.02.2021).

Weise, K. (2006). *Sport und Sportpolitik in der DDR zwischen Anspruch und Realität.* Forscher- und Diskussionskreis DDR-Geschichte. Helle Panke.

Wheeler, T. (2019, 28. Juli). *30 Jahre Mauerfall - Wie weit ist die deutsche Einheit im Sport, Frau Braun?* Deutschlandfunkkultur. https://www.deutschlandfunkkultur.de/30-jahre-mauerfall-wie-weit-ist-die-deutsche-einheit.966.de.html?dram:article_id=454962. (Letzter Zugriff: 12.02.2021).

Wiedervereinigung: Das Ende der sportlichen Weltmachtträume. (2017, 30. September). STERN.de. https://www.stern.de/sport/sportwelt/wiedervereinigung-das-ende-der-sportlichen-weltmachttraeume-3554472.html. (Letzter Zugriff: 23.02.2021).

Wiese, R. (2012). *Kaderschmieden des "Sportwunderlandes": Die Kinder- und Jugendsportschulen der DDR 1950-1990* (1., Aufl.). Arete Verlag. (Letzter Zugriff: 18.02.2021).

Zum Tod von DDR-Gewichtheber Gerd Bonk (2014, 21. Oktober). Doping-opfer-hilfe e.V. https://no-doping.org/zum-tod-von-ddr-gewichtheber-gerd-bonk/ (Letzter Zugriff: 07.02.2021).

Zwangsdoping in der DDR - Wenn ein Staat das Leben seiner Sportler auf Spiel setzt. (2018, 25. November). Deutschlandfunk Kultur. https://www.deutschlandfunkkultur.de/zwangsdoping-in-der-ddr-wenn-ein-staat-das-leben-seiner.966.de.html?dram:article_id=434164. (Letzter Zugriff: 20.02.2021).